KB212401

# 브리튼

B R I T A I N

# 브리튼

## B R I T A I N

**사라 리치스** 지음 | **심태은** 옮김

세계의 **풍습과 문화**가
궁금한 이들을 위한
**필수 안내서**

시그마북스
*Sigma Books*

# 세계 문화 여행 _ 브리튼

**발행일** 2025년 3월 10일 초판 1쇄 발행
**지은이** 사라 리치스
**옮긴이** 심태은
**발행인** 강학경
**발행처** 시그마북스
**마케팅** 정제용
**에디터** 최윤정, 최연정, 양수진
**디자인** 강경희, 김문배, 정민애

**등록번호** 제10-965호
**주소** 서울특별시 영등포구 양평로 22길 21 선유도코오롱디지털타워 A402호
**전자우편** sigmabooks@spress.co.kr
**홈페이지** http://www.sigmabooks.co.kr
**전화** (02) 2062-5288~9
**팩시밀리** (02) 323-4197
ISBN 979-11-6862-340-8 (04900)
      978-89-8445-911-3 (세트)

CULTURE SMART! BRITAIN

# 브리튼 전도

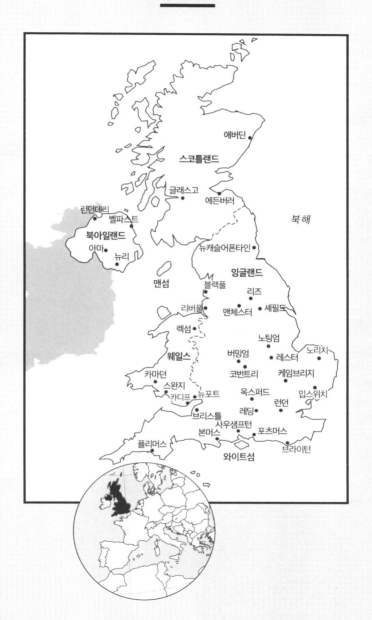

애버딘

**스코틀랜드**

글래스고
에든버러

북 해

런던데리
벨파스트
**북아일랜드**
아마
뉴리

뉴캐슬어폰타인

**잉글랜드**

맨섬
블랙풀
리즈
리버풀
맨체스터
셰필드
렉섬
노팅엄
버밍엄
레스터
노리치
**웨일스**
코번트리
케임브리지
카마던
스완지
옥스퍼드
입스위치
카디프
뉴포트
레딩
런던
브리스틀
사우샘프턴
본머스
포츠머스
플리머스
브라이턴
**와이트섬**

# 차    례

# 들 어 가 며

유럽 대륙의 서쪽 가장자리에 자리한 영국제도는 그 크기에 비해 전 세계에 어마어마한 영향을 미쳤다. 브리튼 사람들은 뿌리 깊은 오랜 전통을 바탕으로 하면서도 놀라울 정도로 다른 문화의 영향에도 개방적이다.

브리튼에 있는 33곳의 유네스코 세계문화유산을 통해 신석기 시대, 로마 제국, 노르만 정복, 그리고 비교적 최근까지 브리튼의 생활상을 알 수 있다. 또한 이러한 유적지는 브리튼이 문화유산을 얼마나 존중하는지를 잘 보여 주는 사례이기도 하다.

역사에 대한 자부심은 환상적인 2012년 런던올림픽 개회식, 2023년 찰스 국왕의 대관식 같은 화려한 국가 행사, TV에서 방영되는 시대극의 높은 시청률 등에서도 잘 나타난다.

여러 국가의 연합체인 브리튼의 사람들은 독창적이고 성찰적이며, 유머 감각이 좋고 재미있으며, 집중력 있고 고집이 센 편이다. 이러한 특성 덕분에 역사상 최대 제국, 수 세기 동안

유지된 교역망, 천 년 이상 지속된 군주제, 그리고 세계의 모범이 된 의회민주주의와 사법 체계 등 눈부신 성과를 거두었다.

이러한 브리티시의 독특한 성격은 항상 방문자들의 흥미를 자아낸다. 방문자들은 종종 불가사의하고 유별나며, 괴짜이고 내성적이며, 기발하다는 등 다양하게 묘사한다. 여기에는 일정한 진실이 담겨 있다. 또한 전 세계적으로 브리튼은 배타적이고 특이한 것으로 알려져 있는데, 절망스러울 정도로 그런 모습을 보일 때가 있다.

브리튼에서는 세계에서도 손꼽히는 박물관, 연극, 예술, 문학이 발달했고, 산업혁명이 시작되었으며, 골프에서 럭비, 크리켓과 축구에 이르기까지 세계의 주요 스포츠 대부분이 탄생했다. 또한 삶의 질을 개선한 수많은 기술이 발명되었다. 나머지 유럽 국가 전체보다도 더 많은 노벨상 수상자를 배출했고, 영어로 전 세계를 하나로 연결했다.

오늘날 브리튼의 영향력은 달라졌으며, 이전보다 줄어들었다고도 할 수 있다. 그렇지만 여전히 세계 6대 경제국이고, 특히 런던의 창의적인 문화와 기업가 정신은 계속해서 방문자를 끌어들이고 매료시킨다.

최근 브리튼에서는 2016년 브렉시트 국민투표로 EU를 탈퇴한 것부터 2020년 코로나19 팬데믹 대응과 그에 따라 새롭게 등장한 하이브리드 업무 환경 등 이전에는 상상하지도 못한 빠른 변화에 직면했다. 그리고 특히 기후 위기, 러시아의 우크라이나 침공에 따른 영향, 중국의 영향력 증대, 브렉시트 이후 무역 협상의 부족 등과 관련해 브리튼의 미래에 관한 추측이 끊임없이 나오고 있다.

그러나 지금 확실하게 말할 수 있는 것은 브리튼이 앞으로 직면할 여러 과제의 해결에 나서리라는 것이다. 이를 견디고, 헤쳐 나가고, 때로는 수용하고 적응하며 미래를 담보하고, 고상함, 무상의료 조항, 인내심 등의 전통과 가치를 대부분 지켜 나갈 것이다. 제2차 세계대전 이후 브리튼의 모토는 '침착하게 나아간다'이니 말이다.

이번 『세계 문화 여행: 브리튼』 개정판에서는 브리튼의 생활 방식에서 나타나는 기이한 특성과 관습, 가치, 변화를 더 잘 이해해 브리튼에 머무는 동안 더 많은 것을 얻을 수 있도록 안내하고자 한다.

# 기본 정보

| | | |
|---|---|---|
| **공식 명칭** | 그레이트브리튼과 북아일랜드 연합 왕국 | NATO, G7, G8, UN 안전보장이사회, OECD 회원국 |
| **수도** | 런던(인구 870만 명) | 기타 수도: 에든버러, 카디프, 벨파스트 |
| **주요 도시** | 잉글랜드: 버밍엄, 맨체스터, 리버풀. 스코틀랜드: 글래스고, 애버딘. 웨일스: 스완지, 렉섬, 뉴포트. 북아일랜드: 데리/런던데리 | |
| **면적** | 24만 3025km²(대한민국의 약 2.42배). 잉글랜드: 13만 324km², 스코틀랜드: 7만 8469km², 웨일스: 2만 774km², 북아일랜드: 1만 3458km² | |
| **기후** | 온난. 실리제도는 겨울에 6~10℃이고 여름에는 11~19℃. 애버딘셔 브래머는 겨울에 -1~4℃이고 여름에는 7~18℃ | |
| **인구** | 6700만 명. 잉글랜드 5650만 명, 스코틀랜드 550만 명, 웨일스 310만 명, 북아일랜드 190만 명 | 잉글랜드와 웨일스의 25세 이하 인구는 29%이고, 60세 이상 인구는 24% |
| **민족 구성** | 백인: 잉글랜드와 웨일스는 81.7%, 스코틀랜드는 96%, 북아일랜드는 96.6% | 주요 소수 민족: 인도계, 파키스탄계, 아프리카 흑인, 카리브해 흑인 |
| **가족 구성** | 가구당 평균 구성원 수: 2.3 | |
| **종교** | 영국 국교회, 웨일스와 스코틀랜드 교회(개신교), 가톨릭 | 주요 소수 종교: 유대교, 힌두교, 이슬람교, 시크교 |
| **언어** | 영어 | 웨일스에서는 영어와 웨일스어, 스코틀랜드 게일어, 콘월어 |
| **통화** | 파운드 스털링 | 기호: £ |

| | | |
|---|---|---|
| **정부** | 입헌군주제. 성문 헌법 없음: 국가와 국민의 관계는 성문법, 일반법, 협약에 기반 | 의회는 양원으로 구성됨. 하원은 선출직이며 상원은 비선출직. 의회가 국정과 입법 최고 권한을 가짐 |
| **언론매체** | 전국 일간지: 데일리 텔레그래프, 선데이 텔레그래프, 가디언, 옵서버, 타임스, 선데이 타임스 | 타블로이드: 데일리 메일, 메일 온 선데이, 데일리 미러, 선데이 미러, 데일리 스타, 데일리 스타 선데이, 데일리 익스프레스, 선, 선 온 선데이, 선데이 피플 |
| **방송** | 주요 지상파 채널: BBC 1, BBC 2, ITV, 채널 4. 96% 가구에서 인터넷 접속 가능 | 주문형 스트리밍 서비스: 아마존 프라임 비디오, 애플 TV+, 디즈니+, 넷플릭스, 나우, 브릿박스, DAZN, 하유, 스카이 |
| **전압** | 230V, 50Hz | |
| **전화** | 국가번호 44 | 이동통신사: 아스다 모바일, EE, 기프가프, 쓰리, 테스코 모바일, O2, 오렌지, 스카이, 버진 모바일, 보다폰 |
| **시간** | 그리니치 표준시(GMT) (한국보다 9시간 느림) | 브리티시 서머타임 = GMT + 1시간 |

# 01

## 영토와 국민

'그레이트 브리튼'을 줄여서 보통 '브리튼'이라고 하는데, 잉글랜드, 웨일스, 스코틀랜드, 와이트섬, 실리제도, 헤브리디스제도, 오크니제도, 셰틀랜드제도를 비롯한 연안의 섬으로 구성된다. 유럽 대륙붕의 서쪽 가장자리에 위치하고 있다.

## '브리튼'이란?

이 책을 읽는 당신 혼자만이 브리튼, 그레이트 브리튼, 유나이티드 킹덤, UK, 잉글랜드의 차이를 잘 모르는 것은 아니다. '그레이트 브리튼'을 줄여서 보통 '브리튼'이라고 하는데, 잉글랜드, 웨일스, 스코틀랜드, 와이트섬, 실리제도, 헤브리디스제도, 오크니제도, 셰틀랜드제도를 비롯한 연안의 섬으로 구성된다. '유나이티드 킹덤'UK은 그레이트 브리튼과 함께 아일랜드공화국과 국경을 맞대고 있는 북아일랜드로 구성된다. 아이리시해의 맨섬, 브리튼과 프랑스 사이의 채널제도는 왕실령으로, UK에 포함되지 않으며 자치권을 행사한다.

'영국제도'는 기본적으로 위에서 언급한 모든 곳과 아일랜드섬 전체, 맨섬과 채널제도를 모두 포괄하는 지리적 용어다.

브리튼은 유럽 대륙붕의 서쪽 가장자리에 있으며, 기원전 6000년경 이래로 유럽 대륙과 분리된 큰 섬 둘과 작은 섬 수백 개로 구성되었다. 온화한 해양성 기후와 기복이 있는 저지대 덕분에 본토는 농업에 매우 적합한 조건을 갖추고 있다. 북쪽으로 갈수록 산악지대가 많아지는 지형으로, 웨일스의 캄브리아산맥, 북잉글랜드의 페나인산맥, 스코틀랜드의 그램피언산맥 등이 있다. 주요 강으로는 남부의 템스강, 서부의 세번강, 스코틀랜드의 스페이강이 있다.


## 기후

브리튼의 기후는 대개 시원하고 습하며 구름이 많이 끼고 바람이 강하다고 알려져 있다. 그렇지만 이렇게 일반화하면 미기후, 즉 날씨의 지역적 변화를 놓치기 쉽다. 또한 기후변화로 계절 구분, 특히 가을과 겨울, 봄의 주기가 모호해지고 있다. 영국 날씨는 남서풍이 우세하기 때문에 대체로 영국제도를 통과하거나 근방을 지나는 대서양 저기압의 영향을 많이 받는다.

　브리튼의 날씨는 상당히 변덕스러워서 그만큼 대화 주제로 많이 거론된다. 최악의 홍수에서 극단적인 더위까지, 이상기후 현상이 며칠 동안 헤드라인을 장식하기도 한다. 날씨 전문가들이 '기록이 시작된 이래로' 가장 덥고, 가장 습하고, 가장 추운 날씨라고 이야기하지만, 사실 그 기록이 시작된 때는 1914년(기상청의 통제하에서 실시됨)이다. 다만, 잉글랜드에서 1766년에 기후 관측이 이루어졌다는 기록이 있으며, 아마추어 기상학자의 기록까지 포함한다면 그 역사는 훨씬 오래되었을 수 있다.

역사적으로 기록된 '이상' 기후는 꽤 많다. 일례로 런던 대화재가 발생하기 5년 전인 1661년 1월 21일에 새뮤얼 피프스는 일기에 "이번 겨울 날씨는 참 이상하다. 전혀 춥지 않지만 거리에 바람은 강하고, 파리가 이리저리 날아다니는 한편 장미 덤불에 잎이 무성하다…"라고 썼다. 그런가 하면 1683년과 1771년에는 템스강이 얼어붙어서 천연 아이스링크가 만들어졌다.

브리튼의 날씨는 구름이 많이 끼고 흐린 편이기는 하지만, 연간 강우량이 76cm를 넘는 곳은 전체의 절반에 불과하다. 다만, 지난 10~15년은 예외인데, 앞서 말한 것처럼 이상 홍수가 기존 강수 표를 뒤엎어버렸다. 브리튼에서 매우 습한 지역은 스노도니아(강우량 508cm)와 여행객의 사랑을 한 몸에 받는 레이크디스트릭트(강우량 335cm)다. 가장 습한 도시는 글래스고로 평균적으로 170일 정도 비가 오며, 가장 건조한 도시는 케임브리지로 일 년 중 비가 오는 날이 107일밖에 되지 않는다.

멕시코만류가 흐르는 통로이기 때문에 잉글랜드, 특히 남서부 지역은 전반적으로 최적의 기후를 자랑한다(스코틀랜드의 웨스턴아일스도 마찬가지). 브리튼에서 가장 추운 지역은 스코틀랜드의 하이랜드다. 벤네비스산 최고봉의 연평균 온도는 빙점에 가까우며, 북쪽을 향하는 많은 도랑에는 만년설이 있다. 기온은 32도를 넘거나 영하 10도 아래로 떨어지는 경우가 거의 없다.


## 누구를 브리티시라고 할까?

정치적으로 보면 그레이트브리튼과 북아일랜드 연합왕국 사람들을 비롯해 잉글랜드, 스코틀랜드, 아일랜드, 웨일스 원주민, 구 영국 식민지 출신, 그리고 브리튼을 고향으로 여기는 많은 사람을 '브리티시'라고 한다. 한편으로는 브리티시의 문화적 전통, 특히 켈트, 앵글로색슨, 노르딕, 노르만 프랑스 문화가 '브리티시 삶의 방식' 전통에서 중심 요소라는 점을 이해하는 것이 중요하다.

　잉글랜드와 스코틀랜드 간의 수 세기 동안의 갈등은 1707년(100년 전인 1603년에 왕실 간의 결합이 일어남) 연합법으로 정부가 통합되면서 해결되었지만, 그 과정에서 뿌리 깊고 때로는 격렬하게 옹호하는 개별적인 정체성이 형성되었다. 이는 잉글랜드, 스코틀랜드, 웨일스, 북아일랜드 국가 대표 축구와 럭비 대표

팀에서 가장 잘 드러난다. 이 4개국 간의 경기, 그중에서도 특히 월드컵 경기는 각국의 자부심과 직결되기 때문에 매우 치열한 분위기 속에 진행된다. 2014년 스코틀랜드 독립에 관한 국민투표도 스코틀랜드 민족주의를 크게 고취했다. 투표율은 사상 최고인 84.59%였다. 연방에 남는 것을 찬성하는 쪽이 10% 차이로 이기기는 했지만, 스코틀랜드 독립운동은 2016년 유럽연합 탈퇴 국민투표 이후 더욱더 강력해졌다.

브리튼의 자생적인 문화 외에도 브리튼에는 소위 '제국' 문화, 즉 인도 아대륙, 아프리카, 카리브해 문화도 뿌리내렸다.

2021년 최신 인구조사 통계에 따르면, 영국 인구는 6700만 명으로, 잉글랜드와 웨일스 거주자의 81.7%가 백인이었다. 이는 2011 인구조사 통계에서 86%였던 것에 비해 줄어든 수치다. 스코틀랜드에서는 백인의 비율이 더 높았다. 2011년 통계에서 스코틀랜드의 백인 인구는 96%로 나타났다.

잉글랜드와 웨일스의 소수 민족 집단 중 가장 인구가 많은 집단은 아시아인, 아시아계 브리티시, 또는 아시아계 웨일스인으로, 2021년 통계에 따르면 9.3%(550만 명)를 차지했다. 이는 10년 전에 7.5%(420만 명)였던 것에서 증가한 수치다. 스코틀랜드의 경우, 2011년 인구조사 통계에 따르면 폴란드인, 아일랜드인, 집시/유랑민, 또는 기타 백인이 가장 큰 소수 민족 집단으로, 4.2%를 차지했다.

흑인, 흑인 브리티시, 흑인 웨일스인, 카리브해인 또는 아프리카인은 잉글랜드와 웨일스에서 두 번째로 많은 소수 민족 집단이다. 2021년 인구조사 통계에서 2.5%(150만 명)를 차지하는 것으로 나타났다. 이 또한 이전 인구조사 통계(1.8%, 99만 명)보다 증가한 것이다. 2011년 스코틀랜드 인구조사 통계를 보면 인구 중 4%가 아시아인, 아프리카인, 카리브해인, 흑인, 혼혈, 기타 민족 집단인 것으로 나타났다.

홍콩을 중국 본토로 반환하는 것을 허용한 2019년 법안에 반대하는 시위, 2021년 아프가니스탄에서 탈레반의 재집권, 2022년 러시아의 우크라이나 침공 등으로 인해 영국 정부는 홍콩, 아프가니스탄, 우크라이나에서 오는 사람들을 맞이하기 위한 제도를 마련했다. 이러한 디아스포라는 향후 인구조사 통계에 반영될 가능성이 높다.

새로 생겨난 공동체는 브리튼 전역에 골고루 퍼져 있지 않은 편이어서 국가적 통합과 화합에서 혼합된 패턴이 생겨났다. 일례로 흑인계의 3분의 2가 런던에 살고 있다. 레스터, 울버햄튼, 버밍엄에는 인도계가 많이 거주하며, 파키스탄계와 방글라

테시계 대부분은 버밍엄, 그레이터맨체스터, 웨스트 요크셔 중에서도 리즈와 브래드포드에 산다.

영국 인구의 5분의 4 이상이 잉글랜드에 거주한다. 가장 인구가 밀집한 곳은 런던(2021년 기준 870만 명), 남서부 지역, 사우스와 웨스트요크셔, 그레이터맨체스터와 머지사이드, 웨스트미들랜즈, 타인강(뉴캐슬), 위어강(더럼과 선덜랜드), 티스강(미들즈브러) 인근 북동부 도시 등이다.

1976년 인종관계법, 2010년 평등법, 평등과 인권위원회 신설 이후 정부에서는 브리튼 사회의 다인종적인 특성을 옹호하기 위한 정책을 적극적으로 추진했다. 그러한 법안이 모든 국민에게 환영받은 것은 아니지만, 대부분 국민은 이를 수용하고 있다. 브리튼의 도시는 대체로 인종과 문화가 다양하며, 그에 따라 삶도 매우 다채롭고 활기차다. 그러나 브리튼의 오래된 소도시나 마을에서의 삶은 이와 많이 동떨어져 있다.

## 브리튼의 성립

브리튼의 특성은 지리적인 사건과 2000년의 역사를 통해 형성되었다. 잇따른 침입이 영향을 미쳤고, 원래부터 이곳에 살던 사람들은 권력을 잡기 위해 서로 경쟁했으며, 브리튼 사람들은 국경이라는 한계를 넘어 세계로 발돋움했다. 끝부분에 브리튼 역사에서 중요한 날짜들을 나열해 두었다. 그렇지만 우선은 오늘날 브리튼 문화와 생활 방식의 바탕이 된 초기의 역사를 살펴보자.

안드레아 페루치가 제작한 율리우스 카이사르의
대리석 흉상

기원전 55년과 54년에 로마의 장군이자 정치인 율리우스 카이사르는 갈리아 총독으로 있을 당시, 자원과 정착지 후보로 브리튼을 정찰하기 위해 원정을 떠났다. 그리고 약 100년 뒤인 43년에 클라우디우스 1세가 브리튼을 침략해 정복했고, 그 뒤로 로마의 통치가 350년간 이어졌다.

그러나 5세기가 시작될 때쯤에 로마 제국은 쇠락의 길을 걷고 있었다. 그로 인해 브리튼을 포함해 변경의 식민지 다수가 사실상 붕괴 상태였다. 마지막까지 남았던 로마 군대는 409년에 철군했다.

법과 질서를 유지하던 로마가 사라지자, 켈트족의 브리튼은 곧 약탈 대상을 찾던 주트족(헹기스트와 호르사), 색슨족, 앵글족 등 게르만 부족에 휘둘리게 되었다. 그때도 지속되었던 로마식 시민 정부는 침략자들에 맞서기 위한 지원을 로마에 요청했지만 소용없었다. 결국 잉글랜드가 침략당했고, 앵글로색슨족이 주류를 이루게 되었다. 그리고 원주민인 켈트족은 콘월, 웨일스, 스코틀랜드, 아일랜드 등 변방으로 밀려났다.

그러나 18세기 말에 새로운 침략자가 브리튼 사람들을 공포에 떨게 했다. 이번에는 덴마크, 노르웨이, 스웨덴의 바이킹 해적 등 노련한 스칸디나비아인들이 내려온 것이다. 이들은 처음에는 브리튼의 해안가를 따라 상당한 면적의 지역을 파괴하며 큰 피해를 주었다. 이렇게 강력한 침략이 처음 일어난 것은 793년으로, 당시 교육의 중심지로 유명한 노섬브리아의 린디스판에 있는 대수도원이 파괴되었다. 그리고 수백 척의 배가 동원된 최대 규모의 바이킹 침략이 70년 후에 일어났는데, 이는 잉글랜드가 경험했던 것 중에서 최대 규모였다. 이 공격으로 요크 지방이 867년에 함락되었다.

시간이 지나면서 바이킹족은 잉글랜드 대부분 지역에서 권위를 확립했다. 이들 지역의 행정은 데인법 적용 대상이 되었다. 지명 중에 휘트비처럼 '~비'로 끝나거나 스컨소프처럼 '~소프'로 끝나는 곳은 바이킹의 역사가 있는 지역이다. 오늘날에는 요크에 있는 조빅 바이킹 센터에서 바이킹족의 생활상에 대해 더 많이 알아볼 수 있다. 여기에서 움직이는 모델, 풍경, 냄새 등을 통해 조빅이라는 오래된 도시를 생생하게 체험할 수 있다.

그다음으로 브리튼에 중요한 시기는 1066년으로, 브리튼이 마지막으로 침략당했던 때다. 노르망디 공국의 윌리엄 공작이 잉글랜드 남부 해안에서 벌어진 헤이스팅스 전투에서 잉글랜드인들을 물리치고 '정복왕' 윌리엄 1세로 즉위했다. 이 전투 이야기는 캔터베리에서 제작했다고 추정되는 바이외 태피스트리에 잘 나타나 있으며, 오늘날에는 프랑스 북서부 바이외에 보관되어 있다.

이후 3세기 동안 북부 프랑스어가 왕실과 지배계층의 언어

해협을 건너는 노르만 함대. 바이외 태피스트리의 한 장면

로 자리 잡았고, 프랑스 법률, 사회, 제도적 관습이 잉글랜드의 생활 방식에 상당히 많은 영향을 미쳤다. 원래 프랑스 앙주 출신인 헨리 2세가 왕이 되었을 때(1154~1189) 그의 '앙주 제국'은 스코틀랜드 경계의 트위드강부터 프랑스 전역을 거쳐 피레네 산맥에 이를 지경이었다. 그러나 중세 시대 말기(15세기 말)가 되면서 확장기와 수축기를 번갈아 가며 거쳤던 프랑스는 더 이상 잉글랜드 왕실을 자처하지 못하게 되었다.

헨리 8세(그의 가문인 튜더는 웨일스에 뿌리를 두었다) 치하에서 잉글랜드와 웨일스는 1536년과 1542년 사이에 행정적으로, 그리고 법적으로 통합되었다. 1603년 엘리자베스 1세가 사망하고

스페인 무적함대에 대한 승리를 기념한 엘리자베스 1세의 초상화

나서 스코틀랜드의 제임스 6세(스튜어트 가문)가 제임스 1세로 잉글랜드의 왕으로 즉위하면서 두 왕실이 통합되었다. 잉글랜드와 스코틀랜드의 정치적 통합이 이루어진 것은 앤 여왕 치하의 1707년으로, 이때 오늘날의 '브리튼'이 성립되었다.

브리튼의 위대한 해외 무역 제국은 엘리자베스 1세(1558~1603) 통치 시기로 거슬러 올라간다. 당시 엘리자베스 1세는 적국 스페인을 상대로 하는 기회주의적인 해적질을 후원했다. 여왕은 1588년 스페인 무적함대와 싸웠던 브리튼 함대의 부사령관 프랜시스 드레이크를 사략선 선장으로 임명했다. 18세기에 브리튼 해군은 유럽의 다른 경쟁국을 꺾고 확장을 거듭했으며, 그 덕분에 브리튼은 19세기에 세계에서 가장 강력한 해군을 지닌 나라가 되었다. 이와 유사한 브리튼의 위대한 사회, 기술, 문화 발전도 현대 사회의 탄생을 잘 보여 준다.

| 주요 날짜 | |
|---|---|
| 기원전 55년/54년 | 율리우스 카이사르가 잉글랜드 원정대를 보내어 이스트서식스 페벤시에 도착했다. |
| 기원후 43년 | 클라우디우스 황제와 4만 명의 로마군이 정복에 나섰다. |
| 61년 | 이케니 부족의 부디카 여왕이 로마에 맞서 반란을 이끌었다. 로마 사령관 파울리누스는 런던과 세인트 올번스를 파괴해 반란 세력을 진압했다. 부디카는 이듬해 자살한다. |
| 122~138년 | 스코트족의 약탈을 막기 위해 솔웨이에서 타인강까지 하드리아누스 방벽이 건설되었다(205~208년에 일부 재건축). |
| 314년 | 브리튼의 주교들이 아를 공의회에 참석해 브리튼에서 교회가 세워졌음을 증명하는 증거를 제출했다. |
| 406~410년 | 브리튼에서 로마 세력이 모두 철수했다. |
| 449년 | 픽트족과 싸우기 위해 유틀란트 출신의 헹기스트와 호르사를 데려왔다. 나중에 주트족, 색슨족, 앵글족도 브리튼에 정착하면서 앵글로색슨 왕국이 세워지기 시작했다. |
| 597년 | 브리튼에서 기독교를 재건하기 위해 로마의 수도원장 성 아우구스티누스를 파견했다. 그는 최초의 캔터베리 대주교가 되었다. |
| 664년 | 휘트비 교회 회의에서 켈트 교회 질서보다 로마가톨릭 질서를 선택했다. |

| | |
|---|---|
| 789~795년 | 잉글랜드 남부 웨이머스를 통해 바이킹이 처음으로 습격했다. |
| 832~860년 | 케네스 맥알핀 치하에서 스코트족과 픽트족이 통합해 스코틀랜드왕국을 형성했다. |
| 835년 | 웨섹스의 에그버트가 '잉글랜드의 왕'임을 선포했다. |
| 851년 | 350여 척의 덴마크 선박이 침략을 시도했으며, 런던과 캔터베리가 약탈당했다. |
| 860년대 | 또한 덴마크인들이 이스트앵글리아, 노섬브리아, 머시아 동부를 파괴했다. |
| 899년 | 웨섹스의 알프레드 대왕이 서거했다. |
| 1066년 | 노르망디 공국의 윌리엄 공작이 잉글랜드를 침략해 10월 14일에 헤이스팅스 근처에서 해럴드 2세를 물리치고 잉글랜드 왕실을 차지했다. |
| 1085~1086년 | 윌리엄 1세가 잉글랜드의 토지를 조사한 『Liber de Wintonia(둠즈데이 북)』의 편찬을 명령했다. |
| 1170년 | 12월 29일에 토머스 베켓 캔터베리 대주교가 헨리 2세의 지지자들에게 살해당했다. |
| 1189년 | '사자왕' 리처드 1세가 즉위하고 1191년 제3회 십자군 원정에 나섰다. |
| 1215년 | 러니미드에서 존 왕이 어쩔 수 없이 마그나카르타에 서명했다. 왕실의 횡포에서 봉건적 권리를 보호하기 위해 왕권을 제한한 것이다. |
| 13세기 | 최초로 옥스퍼드와 케임브리지 대학이 설립되었다. 카나번의 에드워드(후에 에드워드 2세)가 웨일스 공(Prince of Wales)이 되었다. |
| 1314년 | 로버트 브루스가 배녹번 전투에서 잉글랜드를 대파하고 독립적인 스코틀랜드 왕조가 존속할 수 있도록 했다. |
| 1337년 | 프랑스와 백년 전쟁이 시작되었다. |
| 1348~1349년 | 흑사병으로 유럽 인구의 3분의 1이 사망했다. |
| 1381년 | 잉글랜드에서 농민 반란이 일어났다. |
| 1387~1394년 | 제프리 초서가 『캔터베리 이야기』를 저술했다. |
| 1400~1406년 | 오와인 글린두르가 잉글랜드의 지배에 대항해 웨일스의 마지막 대규모 반란을 일으켰다. |

| | |
|---|---|
| 1411년 | 스코틀랜드 최초의 대학인 세인트앤드루스대학교가 설립되었다. |
| 1455~1485년 | 장미 전쟁이 발발했다. 요크가와 랭커스터가가 잉글랜드 왕위를 두고 다투었다. 1485년에 랭커스터가가 보즈워스 전투에서 리처드 3세에게 대승을 거두었고, 헨리 7세와 함께 튜더 왕조가 시작되었다. |
| 1477년 | 윌리엄 캑스턴이 잉글랜드에서 최초로 책을 인쇄했다. |
| 1534년 | 헨리 8세가 로마와 공식적으로 단절하고 영국 국교회를 설립했으며 종교개혁을 준비했다. |
| 1536~1542년 | 연합법에 따라 잉글랜드와 웨일스가 행정적, 법적으로 통합되었고 의회에 웨일스 몫의 의석이 주어졌다. |
| 1547~1553년 | 에드워드 6세 치하에서 개신교가 공식 종교로 지정되었다. |
| 1553~1558년 | 메리 1세('피의 메리')가 가톨릭교로의 회귀를 지지하고 개신교도들을 '이단'으로 화형시켰다. |
| 1558년 | 잉글랜드가 프랑스 지역에 있던 마지막 잉글랜드 영토인 칼레를 프랑스에 빼앗겼다. |
| 1558~1603년 | '처녀 여왕' 엘리자베스 1세가 통치했으며 튜더 왕조의 황금기였다. |
| 1588년 | 엘리자베스 1세의 "나는 비록 연약한 여성의 몸을 하고 있으나 왕의 심장과 용기를 갖고 있다…"는 유명한 연설에 고무된 잉글랜드 군대는 훨씬 적은 수의 함대만으로 스페인 무적함대를 무찔렀다. |
| 1590~1613년 | 윌리엄 셰익스피어가 희곡을 썼다. |
| 1603년 | 스코틀랜드의 제임스 6세가 잉글랜드의 제임스 1세로 즉위하면서 스코틀랜드와 잉글랜드의 왕실이 통합되었다. |
| 1607년 | 잉글랜드가 버지니아를 첫 식민지로 복속하면서 3세기에 이르는 해외 확장이 시작되었다. |
| 1610년 | 얼스터에서 플랜테이션이 시작되었다. 제임스 1세는 잉글랜드과 스코틀랜드 개신교도들을 북아일랜드에 정착시켰다. |
| 1642~1651년 | 찰스 1세와 의회 간의 내전이 발발했다. |
| 1649년 | 찰스 1세가 1월 30일에 화이트 홀에서 처형되었다. 그는 국민(의회)의 승인을 얻어 처형된 최초이자 유일한 브리튼의 왕이었다. |

| | |
|---|---|
| 1653~1658년 | 브리튼은 공화국이 되었으며, 호국경으로 취임한 청교도인 올리버 크롬웰의 통치하에 놓이게 되었다. 그는 군주제, 상원, 영국 국교회를 폐지했다. |
| 1660년 | 찰스 2세(1660~1685) 치하에서 군주제가 복원되었고, 이를 왕정복고기(영국 국교회와 상원도 복원되었다)라고 한다. |
| 1662년 | 자연 지식 진흥을 위한 런던 왕립학회가 설립되었다. |
| 1663년 | 존 밀턴이 『실낙원』을 완성했다. |
| 1665년 | 대역병이 발생했다. |
| 1666년 | 런던 대화재가 푸딩 레인의 빵집에서 시작되었다. |
| 1686년 | 아이작 뉴턴이 운동의 법칙과 만유인력이라는 개념을 제시했다. |
| 1689년 | 스튜어트 왕조의 마지막 왕인 제임스 2세를 상대로 '명예혁명'이라고 불리는 무혈 쿠데타가 일어나 제임스 2세가 추방되고 윌리엄과 메리가 즉위했다. 스코틀랜드 하이랜더 사람들과 아일랜드의 가톨릭교도들은 이에 저항했다. |
| 1707년 | 연합법에 따라 잉글랜드와 스코틀랜드의 의회가 통합되었다. |
| 1721~1742년 | 로버트 월폴이 초대 영국 총리로 취임했다. |
| 1745~1746년 | '보니 프린스 찰리'가 스튜어트 왕정을 되찾으려 했으나 실패했다. |
| 1760~1840년 | 산업혁명이 브리튼을 혁신했다. |
| 1761년 | 워슬리와 맨체스터, 머시강을 잇는 브리지워터 운하(67km)가 개통되어 운하(운송) 시대가 시작되었다. |
| 1775~1783년 | 조지 3세의 재위 기간(1760~1820)에 미국 독립전쟁이 일어나 13개의 식민지를 상실했다. 대영제국은 계속해서 캐나다, 인도, 호주로 확장되었다. |
| 1801년 | 연합법을 발효해 브리튼과 아일랜드를 통합하고 단일 의회가 통치하게 되었다. |
| 1805년 | 트라팔가르 전투가 벌어졌다. 넬슨이 프랑스 해군을 대파했다. 그는 전투 전에 빅토리호에서 "잉글랜드는 모든 남성이 그의 의무를 다하기를 기대한다"는 유명한 메시지를 보냈다. |

| | |
|---|---|
| 1807년 | 노예무역법의 폐지로 대영제국에서 노예무역이 종식되었다. |
| 1815년 | 워털루 전투가 벌어졌고 최종적으로는 나폴레옹 보나파르트를 물리쳤다. |
| 1815~1914년 | 대영제국의 확장이 한 세기 동안 이루어졌다. |
| 1825년 | 세계 최초의 여객 철도인 스톡턴과 달링턴 철도가 개통되었다. |
| 1829년 | 가톨릭교도 해방령에 따라 법적으로 가톨릭교 신자도 공무원으로 임용되거나 의원으로 선출될 수 있게 되었다. |
| 1832년 | 1차 선거법 개정을 통해 유권자의 수가 50% 증가했다. |
| 1833년 | 노예폐지법으로 영국 식민지에서 노예제가 폐지되었다. |
| 1836~1870년 | 찰스 디킨스가 『픽윅 클럽 여행기』를 시작으로 소설을 쓰기 시작했다. 그가 마지막으로 완결한 소설은 『우리들의 친구』(1864)이며, 사망한 해인 1870년에 『에드윈 드루드의 비밀』을 쓰기 시작했다. |
| 1837~1901년 | 빅토리아 여왕이 통치했다. |
| 1846년 | 곡물법 폐지로 권력이 지주에서 산업가들로 이동했다. |
| 1859년 | 찰스 다윈이 『종의 기원』을 출판했다. |
| 1868년 | 영국노동조합회의(UTC)가 창립되었다. |
| 1907년 | 헨리 로이스와 C.S. 롤스가 최초의 롤스로이스 자동차 '실버 고스트'를 제작해 판매했다. |
| 1910~1936년 | 대영제국의 영토가 최대치에 달했다. |
| 1914~1918년 | 제1차 세계대전이 발발했다. |
| 1918년 | 여성이 선거권을 쟁취했다. |
| 1919~1921년 | 영-아일랜드 전쟁이 발발했다. 영-아일랜드 조약으로 아일랜드 자유국이 출범했다. 북아일랜드(6개 주)는 영국에 남기로 했다. |
| 1924년 | 제임스 램지 맥도널드가 최초의 노동당 정부를 이끌었다, |
| 1926년 | 탄광 노동자의 임금과 근무 조건을 둘러싼 갈등으로 총파업이 발생했다. |

| | |
|---|---|
| **1926년** | 스코틀랜드 발명가 존 베어드가 최초로 텔레비전을 시연했다. |
| **1928년** | 스코틀랜드 물리학자 알렉산더 플레밍이 페니실린을 발견했다. |
| **1931년** | 경제 위기에 직면해 전국적인 정부 연합이 형성되었다. |
| **1936년** | 1930년대에 가장 유명한 단식 행진인 재로 행진이 일어났다. |
| **1939~1945년** | 제2차 세계대전이 발발했다. |
| **1943년** | 세계 최초의 전자식 컴퓨터 '콜로서스 I'이 개발되어 제2차 세계대전에서 적의 암호를 해독하는 데 사용되었다. |
| **1947년** | 인도와 파키스탄이 독립했다. 브리튼은 대영제국을 해체하기 시작했다. |
| **1948년** | NHS가 설립되어 전 국민에게 무상의료를 제공하기 시작했다. |
| **1952년** | 엘리자베스 2세가 즉위했다. |
| **1973년** | 영국이 EU의 전신인 유럽경제공동체(EEC)에 가입했다. |
| **1999년** | 스코틀랜드 의회(스코틀랜드 게일어: Pàrlamaid na h-Alba), 웨일스 의회(웨일스어: Senedd Cymru)가 구성되었다. |
| **2012년** | 런던 하계올림픽(XXX 올림피아드라고도 함)이 열렸다. |
| **2016년** | 영국에서 투표로 EU를 탈퇴하기로 했다. |
| **2020년** | 코로나19 팬데믹으로 영국에서 봉쇄령이 실시되었다. |
| **2022년** | 브리튼에서 최장기간 군주로 있던 엘리자베스 2세가 밸모럴성에서 96세의 일기로 서거했다. |
| **2023년** | 엘리자베스 2세의 장자인 찰스 3세가 웨스트민스터 대성당에서 즉위식을 치렀다. |

## 역사 유적

브리튼에는 수천 개의 유적, 성, 궁궐 등이 있으며, 영국에는
여기에서 설명하기에도 벅찰 정도로 많은 33개의 유네스코 세
계문화유산이 있다. 그중에서도 브리튼의 역사를 전체적으로
살펴볼 수 있는 유적이 몇 가지 있다.

유네스코에서는 돌로 만들어진 제례용 원 두 개, 방이 있는
고분, 기타 아직 발굴되지 않은 매장지 등이 있는 신석기 시대
거주지인 오크니제도 신석기 유적을 매우 중요하게 본다. 이를

윌트셔주 솔즈베리 평원에 있는 선사시대 석조 구조물인 스톤헨지

콘위성, 사보이 출신인 건축 장인 세인트 조지의 제임스가 에드워드 1세의 명령에 따라 지었다.

통해 기원전 3000년 스코틀랜드의 생활상을 알 수 있기 때문이다. 유네스코에 등재된 남부 잉글랜드의 스톤헨지와 에이브베리 거석 유적도 대략 비슷한 시기에 만들어진 것으로 추정한다.

한편, 로마인들은 122년에 하드리아누스 황제의 명령으로 북부 잉글랜드를 가로질러 118km에 달하는 하드리아누스 방벽을 건설했다. 이 방벽도 유네스코에 등재되었으며, 로마 제국 최북단 지역의 생활상을 보여 준다.

1070년대로 넘어와 보자. 이 시기에는 정복왕 윌리엄이 잉글랜드 침공에 성공해 윌리엄 1세로 즉위한 것을 기념해 런던 탑이 건립되었다.

200여 년 후에 잉글랜드의 에드워드 1세는 웨일스 정복 후 콘위와 카나번을 둘러싼 성벽과 보매리스성, 콘위성, 카나번성, 할렉성을 건설하라고 명령했다.

## 【 유명 인사 】

브리튼의 예술가와 연관된 지역과 도시는 상당히 많다. 그중에서도 런던은 언제나 창의적인 인재들을 끌어당기는 힘이 있다. 잠깐만 살펴보더라도 J.M.W. 터너, 윌리엄 블레이크, 찰스 디킨스, 조지 엘리엇 등이 이 도시에서 명성을 크게 얻었으며, 우리 시대의 다른 분야를 보면 에이미 와인하우스(가수), 이드리스 엘바(배우) 등이 있다.

남부 잉글랜드 출신인 토머스 하디(도싯), 존 컨스터블(서퍽), 제프리 초서(캔터베리, 켄트)는 윌리엄 셰익스피어(스트랫퍼드어폰에이번), 제인 오스틴(바스) 등과 함께 예술계에 크게 기여했다. 브론테 자매(요크셔), 비틀스(리버풀), 윌리엄 워즈워스(레이크 디스트릭트) 등도 북부 잉글랜드 예술 발전에 많은 역할을 했다.

스코틀랜드에는 시인 로버트 번스, 작가 제임스 배리(『피터 팬』), 로버트 루이스 스티븐슨(『보물섬』), J.K. 롤링(『해리포터』 시리즈) 등이 있다. 건축가이자 디자이너인 찰스 레니 매킨토시는 '건축의 도시' 글래스고 출신이고, 1970년대 밴드인 베이 시티 롤러스, 그리고 에밀리 산데와 루이스 카팔디도 스코틀랜드 출신이다.

18세기 웨일스 화가인 리처드 윌슨은 로열아카데미 창립 구성원이며, 자유당 데이비드 로이드 조지 총리는 제1차 세계대전 당시 브리튼을 이끌었으며, 어나이린 '나이' 베번은 제2차 세계대전 후 브리튼의 국민보건서비스$^{NHS}$를 도입했다. 배우 캐서린 제타존스, 앤서니 홉킨스, 가수 브린 터펠, 톰 존스, 캐서린 젠킨스, 셜리 배시, 시인 딜런 토머스, 패션 디자이너 줄리앙 맥도널드 등도 웨일스 출신 유명 예술가다.

한편 북아일랜드는 작가 C.S. 루이스, 싱어송라이터 밴 모리슨, 골퍼 로리 매킬로이, 배우 케네스 브래너와 리암 니슨 등의 출신지다. 또한 북아일랜드 분쟁 당시 폭력적인 갈등을 끝내기 위한 공로를 인정받아 1976년 노벨 평화상을 받은 베티 윌리엄스와 메어리드 코리건도 북아일랜드가 자랑하는 유명 인사다.

# 군주제

군주제는 브리튼에서 가장 오래된 통치 제도다. 브리튼의 군주제는 에그버트 웨섹스 왕이 잉글랜드를 통일했던 829년까지 거슬러 올라간다. 유일하게 군주제의 명맥이 끊겼던 것은 올리버 크롬웰이 건설해 짧은 기간 유지되었던 공화정(코먼웰스, 1649~1660) 시기뿐이었다. 공화정이라는 이 짧은 실험을 그리워하는 이는 그리 많지 않다.

## 【 왕의 역할 】

영국 역사상 가장 오래 재위했던 엘리자베스 2세의 서거 이후 맏아들인 찰스가 왕위를 이어받았다. 왕의 공식 호칭은 '신의 은총으로 그레이트 브리튼과 북아일랜드 연합왕국과 그의 다른 영역과 영토의 왕, 영연방의 수장, 신앙의 수호자인 찰스 3세 폐하'다.

　왕은 영국의 수장임과 동시에 14개 '연방 영역'의 수반이기도 하다. 영연방에는 앤티가 바부다, 호주, 바하마제도, 벨리즈, 캐나다, 그레나다, 자메이카, 뉴질랜드, 파푸아뉴기니, 세인트키츠네비스, 세인트루시아, 세인트빈센트그레나딘, 솔로몬 제

1953년 6월 2일 즉위식 날의 엘리자베스 2세(세실 비튼 촬영, 일부 발췌)

THE BRITISH COMMONWEALTH OF NATIONS

TOGETHER

1945년에 제작된 전쟁 포스터

도 등이 있으며, 왕의 권한은 총독이 대리한다. 총독은 영국 정부와는 독립적으로 관련국 장관들의 조언을 바탕으로 왕이 임명한다. 또한 영국 왕은 남태평양 섬나라인 투발루의 수반이 기도 하다.

이 국가 중 일부(특히 앤티가바부다, 바하마제도, 벨리즈, 그레나다, 자메이카, 세인트키츠네비스, 세인트루시아, 세인트빈센트그레나딘, 투발루)는 2021년에 바베이도스가 그랬던 것처럼 공화국이 되기를 희망했다.

**【국왕의 동의 】**

법안이 의회에서 모든 단계를 거치고 나면 국왕의 동의를 얻어 의회의 법으로 공포된다. 지난 수 세기 동안 왕의 절대 권력은 거의 사라지다시피 했으며, 왕은 정부 장관들의 조언자 역할을 한다. 매주 총리와 회의를 통해 내각의 결정 사항에 대해 보고받으며, 국정 문서에 서명하기도 한다.

법적으로 보면 국왕은 행정부의 수반이므로 국가의 원수다. 따라서 정부의 입법에서 필수적인 존재다. 동시에 사법부의 수장이며 모든 왕실 군대의 총사령관이다. 그리고 영국 국교회의 '상징적 지도자'기도 하다.


## **정부와** 정치 개괄

브리튼이 '민주주의의 요람'으로 여겨지지만, 글로 된 헌법, 즉 영국이라는 나라의 국정 원칙을 명시한 공식 문서가 하나도 없다는 점에서 다른 선진국들과 차이가 있다. 대신에 민주주의의 성격과 국민이 누리는 자유를 규정하는 각종 법안과 규정을 제정하고 있다. 따라서 사법 정의는 대체로 선례의 법칙을 따른다. 이전의 사법 판단이 현재에 판단의 근거가 되는 것이다. 덕분에 이 체계는 종종 논란의 대상이 되기도 한다. 일례로 하원의 정치·입헌 개혁 특별위원회에서는 '새로운 마그나카르타'를 제안했고, 2015년에 의회와 국민 간의 협의로 이어졌다.

복장부터 법정 내 관습에 이르기까지 브리튼의 전체 사법 체계는 역사에 바탕을 두고 있으며, 대체로 18~19세기로 거슬러 올라간다. 의원들이 지켜야 할 에티켓 중에는 서로의 이름을 부르지 않는 것이 있다. 같은 당의 의원은 '존경하는 친구'라고 하는 반면, 반대 당에 있는 의원은 '존경하는 신사'(또는 숙녀)라고 부른다. 또한 동의의 표현으로 박수 대신에 'hear, hear'라고 외친다.

2009년 10월 1일에 상원에서 의회 광장 내 옛 미들섹스 길드 홀이라는 역사적인 장소에 신설된 대법원으로 사법권이 이양된 일은 영국 입헌 역사에서 상당히 중요한 순간이었다. 대법원은 영국 민사 소송, 잉글랜드, 웨일스, 북아일랜드 형사 소송의 최고 법원이다. 여기서는 전체 인구에 영향을 미칠 정도로 중요성이 높은 공적, 헌법적 사건을 다룬다.

런던에 있다면 하원 방청석에 방문해서 '모든 의회의 어머니'를 직접 체험해 보는 것도 좋다.

잉글랜드와 웨일스는 연합법(1707) 이전부터 그랬듯이 여전히 스코틀랜드와 서로 다른 입법·사법·지방정부 체계를 유지하고 있다. 또한 경찰·국교회·교육 체계도 다르다. 1999년 이후 스코틀랜드는 독자적인 스코틀랜드 의회(스코틀랜드 게일어: Pàrlamaid na h-Alba)를, 웨일스는 웨일스 의회(웨일스어: Senedd Cymru)를 설립했지만, 의회 권한은 훨씬 약하다. 북아일랜드에도 독립적인 정부(북아일랜드 의회)를 2007년에 다시 구성했다.

### · 세계에서 가장 오래된 의회 ·

흥미롭게도 세계에서 가장 오래된 자치 입법부는 맨섬의 틴월드인데, 무려 1000년 전부터 존재했다. 1266년까지 노르웨이의 통치 아래에 있다가 1765년에 영국 왕실의 직접적인 통치를 받게 되었다. 입법 의회와 하원으로 구성되며, 각기 독립적으로 입법을 강구하지만, 수도인 더글라스에서, 그리고 매년 세인트존스에서 여러 의회 일정을 위해 모이기도 한다.

【 정당 】

새 정부를 구성하기 위한 총선은 4년 혹은 5년에 한 번 치러진다. 모든 정당이 이념적 원칙을 바탕으로 한다고 주장하지만, 대체로 브리튼의 정치 체제는 계층에 따라 나뉜다.

보수당은 '토리당'이라고도 불린다. 역사적으로 보수당은 스스로가 전통, 상류 지주 계층, 중산층을 대변한다고 보았다. 그러나 오늘날에는 다양한 문화 스펙트럼에서 골고루 지지를 얻으려 한다. 주요 정책에는 경제 강화, GP(의사) 진료 또는 수술

웨스트민스터에 있는 영국 국회의사당. 빅토리아 타워가 왼쪽에 있으며, 오른쪽에는 '빅벤'으로도 유명한 엘리자베스 타워가 있다.

대기 시간 감소, 불법 이민 감소 등이 있다.

19세기 말에 노동조합 운동으로 생겨난 노동당은 전통적으로 노동자 계층을 대변한다고 여겨진다. 그러나 이전의 '블레어주의' 노동당(1997~2010)은 무엇보다도 '부동층'이 많은 중산층에서 지지를 얻고자 했다. 2010년 선거 패배 이후 전통적인 노동자 계층 지지자를 회복하려 노력했다. 경제 성장, NHS 강화와 더불어 청정에너지, 범죄 감소, 보육 제도 개혁 등에 주력하고 있다.

세 번째 주요 정당은 200년 넘는 역사를 가진 자유당과 1981년에 창당한 사회민주당이 1988년에 통합하면서 결성된 자유민주당이다. 중도 좌파적인 성향이다. 2010년 총선 이후에 자유민주당은 보수당과 2015년까지 연합 정부를 구성했고, 그에 따라 70여 년 만에 처음으로 다시 내각에 참가했다. 당의 주력 정책은 비례대표제, EU 재가입, 가구 지출 감소, 브리튼의 하천을 정화하기 위한 물 관련 기업 증세 등이 있다.

녹색당은 2010년에 처음으로 하원 의석을 획득했다. 당의 이름에서 드러나듯이 더욱 단열이 잘 되는 주택, 버스 요금 인하, 더 깨끗한 하천 등을 주장한다. 또한 사회적 주택에 대한 투자, 임차인에 대한 무과실 퇴거의 금지, 무료 학교 급식, 35

시간의 무상 보육 등을 주장한다. 기후 위기에 대한 우려가 커지면서 녹색당은 2015년, 2017년, 2019년 선거에서 의석을 획득할 수 있었다.

스코틀랜드 최대의 중도 좌파 정당인 스코틀랜드 국민당 SNP은 2015년 선거에서 스코틀랜드 유권자 50%의 지지를 얻었다. 주요 정책에는 영국에서의 독립과 EU 재가입 등이 있다. 또한 빈곤을 줄이고 스코틀랜드에서 핵무기를 궁극적으로 없앨 것을 촉구하는 캠페인을 벌이고 있다.

SNP처럼 웨일스의 중도 좌파나 좌파 성향을 보이는 웨일스 민족당(웨일스어: Plaid Cymru)도 영국에서 독립하기를 원한다. 또한 더 평등한 투자의 배분과 재생 에너지 100% 달성, 더 긴밀하게 연결된 지역 사회 등을 주장한다.

2022년 북아일랜드 선거에서는 처음으로 신페인(아일랜드어: Sinn Féin)당이 최대 정당으로 부상했다. 신페인은 아일랜드 독립과 아일랜드섬 통일을 목표로 1905년에 창당했다. 오늘날에는 사회복지 개혁, 더 저렴한 보육, 재생 에너지로의 빠른 전환 등도 주장한다.

이전에 우세했던 민주연합당은 더 강력한 경제, 교육, 보건 의료 체계, 2021년에 브리튼이 EU 탈퇴를 결정하면서 전환기에 도입했던 북아일랜드-브리튼 간 아이리시해 무역 국경 철폐 등을 주장하고 있다.

## 【 토리당의 집권 】

13년간 노동당이 집권한 이후, 2010년 총선에서 분위기가 바뀌었다. 보수당이 가장 많은 의석을 차지하기는 했지만, 1974년 이후 최초로 어느 한 정당도 과반 의석을 차지하지 못한 것이다. 이렇게 과반 의석을 차지한 정당이 없는 '헝 의회'Hung Parliament에서는 두 가지 선택지가 발생한다. 하나는 법안을 통과시킬 때마다 다른 정당 의원들의 지지를 얻어야만 하는 소수 정부를 구성하는 것이고, 다른 하나는 다른 정당과 연합 정부를 구성하는 것이다. 당시 보수당은 후자를 선택했고, 자유민주당과 연합 정부를 구성했다.

이후 보수당은 2015년, 2017년, 2019년 선거에서 과반 의석을 획득했다. 코로나19 팬데믹 이후 보수당의 주가가 내려가기 시작했으며, 야당에서는 보수당 총리의 교체가 잦은 것을 비판했다. 최근 영국 총리는 데이비드 캐머런, 테리사 메이, 보리스 존슨, 리즈 트러스(재임 기간이 45일로 최소 기록), 리시 수낵 등으로, 6년 동안 다섯 번 바뀌었다.

# 주요 문제

## 【 긴축 】

일반적으로 '적자'라고 부르는 순채무는 특정 기간의 정부 지출과 조세 수입 간의 차이를 의미한다. 1970~1971년 이래로 정부가 흑자를 기록했던 것은 단 5년에 불과하며, 연간 적자는 GDP의 약 3.7%였다. 보수당이 집권했을 때, 보수당은 공공 지출을 삭감해 채무를 줄이겠다고 약속했으며, 이것이 불가피하다고 주장했다. 그러면서 긴축이라는 새로운 시대가 도래했다. 2007~2008년 금융 위기와 2020~2021년 코로나19 팬데믹의 영향으로 채무가 늘어나기는 했지만, 전체적으로 보면 줄어들고 있으며, 앞으로도 그럴 것으로 예상한다.

## 【 물가 위기 】

보수당을 비판하는 사람들은 지출 삭감이 너무 극단적이어서 실소득이 하락하고 물가 위기가 일어났다고 주장한다. 기아 퇴치에 힘쓰는 자선 단체인 트러셀 트러스트에 따르면, 푸드뱅크에서 2022~2023년에 가난한 사람들에게 배달한 식료품 패키지의 수는 2017~2018년에 기부한 물량의 두 배가 넘을 정도로 역대 최대 규모였다고 한다.

## 【 주거 위기 】

수요를 맞출 만큼의 주택이 건설되지 않아 브리튼 전역에서 주택이 부족하다. 특히 임대용 아파트와 주택, 사회적 주택, 법적으로 정의되지 않은 일명 '저가 주택'이 부족하다. 그 결과 주거 위기가 불거졌으며, 잉글랜드의 주택 건축 건수는 제2차 세계대전 이래 최저치를 기록하는 상황이다.

## 【 NHS 위기 】

공적 자금이 투입되는 국민보건서비스는 1948년에 영국 거주 자에게 보건의료를 무상으로 제공하기 위해 만들어졌다. 인구 가 늘고 이전보다 복합적인 건강 상태로 더 오래 살게 되면서 최근 보건의료 지출이 증가하는 추세였다. 그럼에도 코로나19 이전 10년 동안 자금 지원 수준은 이 수요를 따라잡지 못했 다. 영국의사협회에서는 이 때문에 NHS가 코로나19 팬데믹에 무방비 상태였다고 지적했다. 그로 인한 결과는 환자의 진료 대기 시간 증가, 의사의 사기 저하와 낮은 임금 수준으로 나타 났다. 이는 2022년, 2023년, 2024년 수련의 파업, 2023년 전문 의 파업을 유발했다.

## 【 테러리즘 】

영국의 위협 수준은 '낮음, 보통, 상당함, 심각, 위험'의 다섯 가지로 분류된다. 이 분류는 2005년에 런던 지하철(튜브)과 버스에서 폭탄 테러로 52명이 사망한 지 1년 후에 공표되었다. 그 이후 일어난 주요 사건에는 2016년 레스터셔에서 칼부림과 총격으로 노동당 조 콕스 의원 피살, 2021년 에식스에서 선거구민들과 면담하던 중 칼에 찔린 보수당 데이비드 아메스 의원 피살 등이 있다. 최근에는 웨스트민스터 브리지에서 다섯 명이 뺑소니를 당했고, 의회에서 경찰관이 칼에 찔려 사망했으며, 맨체스터 아레나 자살 폭탄 테러로 22명이 사망했고, 런던 브리지와 버러 마켓에서 8명이 뺑소니를 당하고 칼에 찔리는 등의 사건이 있었다. 이 책을 쓰는 시점에서 위협 수준은 공격이 일어날 가능성이 높음을 의미하는 '상당함'이었다.

그러나 상황이 완전히 암울하기만 한 것은 아니다. 브리튼은 이러한 위협에 맞서고 있으며, 2023년에 정부는 대테러 전략인 콘테스트 2023을 수립했다. 이 전략의 핵심은 예방, 추적, 보호, 대비로, 테러리스트의 공격을 가로막고 완화해 국민이 일상생활을 유지할 수 있게 하는 것이 목표다.

**【 브렉시트 】**

지금은 개혁영국당으로 이름을 바꾼 영국독립당<sup>UKIP</sup>은 브리튼이 EU를 탈퇴하고 이민을 제한해야 한다고 생각했다. 이러한 관점이 영국의 EU 탈퇴에 관한 2016년 국민투표 결과에 반영된 것으로 보인다. 당시 51.9%가 EU 탈퇴에, 48.1%가 EU 잔류에 투표했다. 이렇듯 팽팽한 결과는 브리튼의 분열을 보여주는 것이며, 이 문제는 지금까지도 논쟁의 대상이 되고 있다.


## 코로나19


코로나바이러스, 즉 코로나19의 최초 환자는 2019년 12월 21일 중국 우한에서 발생한 것으로 확인되었다. 10일 뒤, 중국 당국은 세계보건기구에 감염 환자들이 '알려지지 않은 원인에 따른 폐렴'을 겪고 있다고 알렸다. 영국에서 최초로 코로나19 확진이 된 것은 2020년 1월 29일로 기록되어 있다. 그해 3월이 되자 감염자 수는 기하급수적으로 늘었다. 3월 26일에 전국적으로 봉쇄를 시행했고, 봉쇄를 해제한 5월 10일이 될 때까지 식료품 구매 등 꼭 필요한 경우가 아니라면 외출할 수가 없었다. 그러다가 11월에 2차 봉쇄를 전국적으로 실시했으며, 3차 봉쇄를 2021년 1월에 실시했다. 모든 제한 조치를 해제한 것은 2022년 2월 24일이었다. 영국 정부는 너무 느린 위기 대응 속도와 사용할 수 없는 개인 보호 장비의 지나친 구입으로 비판을 받음과 동시에 백신 연구와 신속한 백신 접종으로 칭찬을 받았다.

## 경제

세계 금융 위기가 2009년에 세계 경제 침체를 유발하기 전까지만 해도 신노동당 정부(1997~2010)의 경제는 대단한 성공을 거두고 있었다. 물가 상승률은 낮았고, 금리도 한 세대 중 가장 낮은 수준이었으며, 연간 성장률도 2.5%대였다. 이는 서비스와 지식 기반 산업 부문의 호황과 제조업 부문의 부진이 결합한 결과였고, 또한 독립적인 통화도 유지했다. 동시에 정부는 한 세대 중 가장 큰 폭으로 간접세를 올려 NHS 등 공공 서비스 지출의 증가를 뒷받침했다. 2010년 선거 이후 보수당과 자유민주당 연합 정부는 이로 인한 재정 적자를 줄이기 위해 지출을 삭감하기 시작했다.

2016년 브렉시트 투표는 경제에 큰 충격을 주었다. 특히 상품 수출에 부정적인 영향이 있었고, 그 외에 소규모 기업이 가장 크게 타격을 입었다. 그렇지만 통계청 조사에 따르면 상품 교역이 약화했어도 서비스 교역은 여전히 강세였다. 경제정책 연구센터에 따르면 2016년 이래로 비즈니스 투자가 낮은 수준을 기록하고 있으며, 각종 데이터와 설문조사를 보면 EU 탈퇴의 영향이 있음을 짐작할 수 있다.

이 책을 쓰는 시점에서도 여전히 물가가 높지만, 점차 하락하고 있고 가구와 기업도 소비와 투자를 줄이면서 높은 물가와 금리에 적응하고 있다. 에너지 가격에 대한 더 나은 전망, 더 탄력적인 세계 환경, 탄탄한 노동 시장 덕분에 경기 침체에서 벗어날 것으로 예상한다. 그러나 성장률은 계속해서 약세일 것으로 보인다.

과학 연구 부문을 보면 브리튼은 세계에서 선두 주자로서의 입지를 다졌다. 최근의 유명한 사례를 살펴보면, DNA 분석 속도를 높이고 비용은 줄일 수 있는 차세대 염기 서열 분석, 국제적 협업의 결과물이자 우주에 대한 지식을 폭발적으로 확장한 제임스 웹 우주 망원경 개발, 살아 있는 기증자에게 받은 자궁의 성공적인 이식 등이 있다. 브리튼의 노벨상 수상자는 절대적 숫자로만 보면 미국에 이어 두 번째이지만, 미국에 비해 인구당 수상자 수가 두 배다.

다른 나라와의 무역은 브리튼 경제 번영의 핵심이다. 제2차 세계대전까지 브리튼의 주요 교역 상대는 대영제국 그 자체였다. 1980년대에 마거릿 대처 총리는 이전에 브리튼이 보유했던 내부 시장을 잃게 되면 더 치열한 경쟁에 뛰어들 수밖에 없다고 처음으로 경고했다. 이러한 변화는 천천히, 어느 정도는 마지못해 일어났고, 브리튼의 무역은 이전만큼 탄탄하지 못했다.

1970년대, 1980년대, 1990년대에 브리튼은 미국, 독일, 일본, 프랑스 다음으로 세계 5대 교역국에 꼽혔다. 그런데 21세기 초가 되자 중국의 경제 성장으로 이 구도가 바뀌었다. 다른 개발도상국 역시 브리튼을 추월했고, UN 무역 개발 회의에 따르면 2020년의 무역 순위는 12위였다.

브렉시트 이후 브리튼의 주요 수출국은 미국으로, 네덜란드, 독일, 아일랜드, 프랑스가 그 뒤를 잇고 있다. 주요 상품은 기계 장치, 광물 연료, 자동차, 귀금속, 제약품 등이다.

유럽에서 가장 생산성이 높은 자동차 공장 10곳 중 4곳이 브리튼에 있지만, 외국계 기업(혼다, 토요타, 닛산, 복스홀 자동차(GM))

이라는 것이 아이러니하다. 지금도 브리튼에서는 애스턴 마틴, 벤틀리, 재규어, 로터스, MG, 롤스로이스 등 전 세계적으로 유명한 프리미엄, 스포츠카를 상당히 많이 제조하고 있고, 이는 브리튼의 노동자들이 제대로 된 근무 환경이 갖추어지고 동기부여만 된다면 그 능력을 최고로 발휘할 수 있음을 보여 준다.

역사, 언어, 문화적 공통점이 있다는 것을 고려하면 브리튼과 미국이 서로의 최대 외국인 투자자라는 점은 별로 놀라운 일이 아니다. 그러나 역사 인식, 언어 사용, 문화적 규범과 열망에 관해서는 상당한 차이가 있음을 이해하는 것이 중요하다. 여기서 이와 관련해 자세하게 설명하기는 어렵지만, 미국인 방문객, 특히 비즈니스를 하는 사람이라면 관련 지식을 알아두는 편이 좋겠다.

# 02

## 스코틀랜드,
## 웨일스,
## 북아일랜드

스코틀랜드, 웨일스, 북아일랜드는 이웃한 잉글랜드와 비슷한 면도 있지만, 근본적으로 다른 문화도 있다. 따라서 이 국가들 방문할 때 서로 다른 역사를 알고 어느 정도의 감수성을 갖추며, 각 국가의 특징을 구분할 줄 알아야 한다.

스코틀랜드, 웨일스, 북아일랜드는 이웃한 잉글랜드와 비슷한 면도 있지만, 근본적으로 다른 문화도 있다. 따라서 이 국가들을 방문할 때 서로 다른 역사를 알고 어느 정도의 감수성을 갖추며, 각 국가의 특징을 구분할 줄 안다면 언제든지 환영받을 것이고, 더 많은 경험을 하는 데 큰 도움이 될 것이다.

## 스코틀랜드 소개

스코틀랜드의 하이랜드와 섬은 세계에서도 손꼽히는 장관을 자랑한다. 브리튼에서 가장 높은 산인 벤네비스산(1344m)은 그램피언산맥에 위치한다. 스코틀랜드는 브리튼 영토 면적의 약 3분의 1을 차지하지만, 브리튼 전체 인구의 8%(540만 명)만이 스코틀랜드에 거주한다. 이민자 덕분에 점차 인구가 늘고 있으며, 미국에서는 500만 명 정도가 스코틀랜드계라고 말한다.

스코틀랜드에는 두 대도시가 있는데, 하나는 동부 해안에 있는 에든버러(수도, 2011년 인구 47만 7000명)고, 다른 하나는 서부 해안에 있는 글래스고(인구 59만 3000명)다. 또한 애버딘과 던디도 주요 도시로 여겨진다. 스코틀랜드의 섬에는 사람이 많이 살지 않는다. 이 중에서 인구가 많은 섬에는 셰틀랜드제도(2만 3000명), 오크니제도(2만 1000명), 루이스해리스섬(2만 1000명)이 있다. 스코틀랜드 전체 인구 중에 섬에 사는 인구는 10만 4000명이다.

스코틀랜드에서 가장 유명한 곳은 브리튼 최대 담수 호수인 네스호로, '네시'라는 '괴물'이 산다고 알려져 있다. 1933년에 존과 알디 맥케이가 이 괴물을 최초로 '목격'했다고 주장하면서 전 세계의 상상력을 자극했다. 네스호는 주요 관광지이며, 네스호의 비밀은 앞으로도 과학계, 문학계, 할리우드에서 끊임없이 소재로 활용될 것이다. 다만, 이 책을 쓰는 시점에서 괴물이 발견된 적은 없다.

그다음으로 유명한 곳은 800년의 역사를 자랑하는 에든버러성일 것이다. 11세기에 말콤 3세의 부인인 마거릿이 살던 때부터 캐슬 록이라는 눈에 띄는 화산지대에 전략적인 건축물과 왕실 거주지가 마련되어 있었다. 나중에는 군사 요새와 감옥으로 쓰였다. 깎아지른 듯한 거대한 절벽이 에든버러의 스카이라인 대부분을 차지하며, 에든버러로 가는 모든 길목에서 이를 볼 수 있다. 매년 8월에 3주간 열리는 에든버러 밀리터리 타투에는 파이프 밴드가 행진에 나선다. 에든버러성에서 매년

스코틀랜드 역사에서 중요한 역할을 한 에든버러의 오래된 성

열리는 주요 행사로, 화려한 불꽃놀이로 막을 내린다. 전 세계에서 수백만 명이 TV로 이 행사를 즐긴다.

## 역사적 관점

잉글랜드와 스코틀랜드는 수 세기 동안 불편한 관계에 있었다. 제1차 스코틀랜드 독립전쟁 중인 1297년에 윌리엄 월리스

경은 스털링교 전투에서 처음으로 잉글랜드 군대를 대파했고, 나중에 런던에서 처형되었다.

그리고 약 40년 뒤인 1314년에 로버트 더 브루스가 스털링 근처의 배녹번에서 다시금 잉글랜드에 승리를 거두었다. 이로써 스코틀랜드를 병합하고 잉글랜드식 통치를 적용하려 했던 잉글랜드 에드워드 1세의 시도에 마침표를 찍을 수 있었다. 또한 에드워드 3세가 1328년에 로버트 더 브루스를 스코틀랜드의 로버트 1세로 공식 인정하는 결과로 이어졌다.

스코틀랜드와 잉글랜드 왕실은 1603년에 연합하는데, 최초의 '연합국' 왕인 제임스 1세는 이러한 연합을 나타내기 위해 '그레이트브리튼의 왕'이라는 호칭을 사용했다. 그러나 잉글랜드 내전(1642~1646) 기간에 스코틀랜드인들은 헬멧 모양 때문에 원두당이라고도 불린 의회파를 지지하며, 찰스 1세의 절대권력 유지를 원했던 왕당파에 맞서 싸웠다.

결국 의회파가 승리하기는 했지만, 스코틀랜드인들은 1648년 장로교-왕당파의 봉기로 의회파였던 올리버 크롬웰이 이끄는 코먼웰스의 점령지 시기를 잠시나마 겪어야 했다.

1707년의 연합법은 잉글랜드와 스코틀랜드 의회가 웨스트민스터에 있는 하나의 의회로 통합되면서 브리튼이라는 새로운 국가를 만드는 또 하나의 전환점이었다. 유니언 기는 두 국가의 깃발, 즉 세인트 조지의 적십자와 세인트 안드레의 비스듬한 청십자(X자형 십자라고도 함)를 결합한 것이다.

연합법이 시행된 이후 봉기가 더 많이 일어났다. '보니 프린스 찰리'라고도 불리는 찰스 에드워드 스튜어트가 그중에서도 가장 유명한 봉기를 일으켰으며, 몇 차례 성공하고 난 뒤 1746년에 스코틀랜드 하이랜드 인버네스 근처의 컬로든에서 패배하고 말았다.

## 게일어

스코틀랜드 게일어는 켈트어로 아일랜드어와 비슷하다. 스코틀랜드 의회(스코틀랜드 게일어: Pàrlamaid na h-Alba)에서 스코틀랜드 게일어를 구어로 사용하는 것을 적극적으로 지지하고 있으며, 모국어라고 부를 수 있을 정도로 유창하게 구사하는 사람이 5만 8000명 정도 된다. 2005년에 제정된 게일어법은 영어와 게일어에 '동등한 지위를 부여'하고자 한다. 오늘날 게일어 구사자의 약 절반(51.5%) 정도가 스코틀랜드 아일린 시어(웨스턴아일,

하이랜드, 서부 하이랜드에 있는 아가일뷰트)에 산다. 주요 게일어 문화 기관은 인버네스에 있는 An Comunn Gàidhealach다.


## 문화적 상징

### 【 씨족과 타탄 】

스코틀랜드식 삶과 문화는 지적이고 과학적이며 문학적인 삶을 가꾸었던 로랜드나 보더의 도시와 마을과 씨족 체계(게일어로 아동이나 가족을 의미하는 clann)를 중심으로 사회적 삶이 구성되는 하이랜드로 나뉘었다. 씨족의 수장이 지도자이자 수호자고, 오늘날에도 볼 수 있는 교수형과 참수형 집행장에서 정의를 베푸는 사람이므로 생존을 위해서는 충성하는 것이 무엇보다 중요했다. 친족이라는 유대는 매우 강력한 사회적 단위를 만들어 냈다. 월터 스콧 경이 쓴 『Rob Roy』를 통해 널리 알려졌듯이, 씨족 간의 갈등이 자주 일어났으며, 사상자가 나오는 경우도 허다했다. 스코틀랜드 왕가는 대체로 하이랜드를 건드리지 않는 경향성을 보였다.

1746년 컬로든 전투에서 스코틀랜드가 처참하게 패배한 후, 1747년에 금지법이 도입되어 하이랜드식 생활방식이 전체

적으로 변했다. 이 법에 따라 킬트를 비롯한 타탄 착용, 게일어 교육, 무기 소지가 금지되었다. 또한 상속 가능한 (씨족의) 관할권이 폐지되었고, 공공장소에서는 백파이프를 연주할 수도 없었다. 실질적으로 하이랜드식 삶을 모두 부적절하게 여겼다고 보면 된다. 1700년대 후반부터 1800년대 중반까지 일명 하이랜드 청소라는 법에 따라 많은 스코틀랜드인이 양 목장에 밀려 자기 고향에서 쫓겨났다. 이와 함께 수많은 스코틀랜드인이 북미, 호주, 뉴질랜드로 이주하면서 하이랜드 문화가 거의 완전히 파괴되었다.

그러나 1782년에 금지법이 폐지되어 최초의 타탄 패턴 서적이 출판되는 등 타탄의 상업화와 표준화가 이루어졌다. 역사가들에 따르면 조지 4세가 1822년에 스코틀랜드를 방문했을 때 타탄을 입었고, 이를 배경으로 19세기에 타탄 붐이 일었다. 당시 빅토리아 여왕이 하이랜드를 특히 아꼈던 덕분이었는데, 여왕의 개인 시종이자 말년에는 삶의 동반자가 된 존 브라운이 애버딘셔 출신이었다.

오늘날 타탄은 일상복, 사냥, 공식 복장 등 거의 모든 경우에서 찾아볼 수 있다. 직조와 염색 산업의 발달을 생각하면, 역사적인 씨족과 타탄의 연관성이 점점 더 확장되어 현재는 공식 정부 기관인 스코틀랜드 타탄 등록부(www.tartanregister.gov.uk)에서 관리하는 타탄이 2500종이 넘는 것은 너무나도 당연한 일이다.

## 【 백파이프 】

이미 수천 년 전에 이집트인과 로마인에게 알려져 있던 악기지만, 오늘날 스코틀랜드의 '소리'는 단연코 백파이프다. 가장 오래된 파이프 연주 대회가 열린 것은 1781년 연례 폴커크 회합이었다. 당시 하이랜드 사람들은 킬트를 입거나 잉글랜드인들이 보기에 '호전적인' 악기를 연주하면 처벌받았다.

이 지구상에서 수많은 파이프의 연주 소리만큼 가슴을 뒤흔들고 근원적인 소리는 없다. 8월에 열리는 에든버러 밀리터리 타투 기간에 에든버러성에서는 매일 퀸스 오운 캐머런 하이랜드의 군악대와 다른 밴드의 연주를 들을 수 있다. 또한 하이랜드 개더링(게임) 등 주요 대중 행사에서도 연주를 즐길 수 있다. 특히 가장 유명한 코월 하이랜드 개더링(코월 게임)은 매해 8월에 더눈에서 열린다. 이 게임에서는 언제나 파이프 콘서트와 대회가 열린다. 과거에는 씨족 수장 대부분이 개인 파이프 연주가를 자랑했다. 이 전통 덕분에 맥크리먼즈가, 맥클라우가, 맥아더가 등 전설적인 파이프 연주 가문이 생겼다. 도시, 경찰서, 하이랜드 연대에는 파이프 연주 밴드가 있다. 그중에서 가장 유명한 밴드는 쇼츠앤다이크 칼레도니아 파이프 밴드다.

## 【 골프 】

세계에서 가장 오래되고 정교한 고급 스포츠로 인식되는 골프는 막대기로 돌을 세게 치는 고프$^{gowff}$라는 고대의 게임에서 발전을 거듭해 지금의 형태를 갖추었다. 지금 우리가 아는 골프가 언급된 시기는 1457년으로 거슬러 올라간다. 당시 골프의 인기가 ['축구'(futeball)와 함께] 엄청나게 높아서 활쏘기 훈련을 방해할 정도였기 때문에 일요일에는 경기를 금지했다고 한다. 대학가로 유명한 도시인 세인트앤드루스에서 1754년에 골프인들의 협회가 만들어졌다. 1834년에 윌리엄 4세의 비호 아래 이 협회는 로열 앤 앤션트 골프 클럽이 되었으며, 브리튼 내 골프 대회를 주관한다.

## 【 먹을거리와 마실거리 】

스코틀랜드 음식에서 귀리는 오랫동안 중요한 역할을 했다. '태티스앤헤링'은 오트밀에 감자와 청어를 넣은 스코틀랜드의 주식이다. 오늘날에도 포리지, 귀리 케이크, 플랩 잭 등을 보면 오트밀의 인기가 여전함을 알 수 있다.

1800년대 중반 이후 스코틀랜드 사람들은 전통적인 스코틀랜드식 아침 식사로 하루를 시작하는데, 아침에 먹는 음식으로는 달걀부침, 토마토, 버섯, 태티 스콘(감자 패티), 베이컨, 블랙 푸딩(돼지피로 만든 소시지), 하기스 등이 있다.

또한 시인 로버트 번즈의 생일(1월 25일)을 축하하는 번즈 나이트에 국민 요리인 하기스를 즐기는 전통도 있다. 양이나 소의 내장을 다져서 양이나 소의 지방, 오트밀, 양파, 허브와 섞고,

번즈 나이트 저녁 식사 : 하기스, 닙스(스웨덴 순무/순무를 깍둑썰기하거나 으깬 것)와 태티스(감자)

이를 양의 위에 채워 삶아 낸다. 으깬 감자와 순무를 곁들여 먹으며, 요즘에는 채식 버전도 나왔다. 스코틀랜드 사람들이 좋아하는 다른 음식에는 소고기, 사슴고기, 아브로스 스모키(훈제 해덕)와 같은 훈제 생선과 스코틀랜드식 훈제 연어가 있다.

디저트를 살펴보면, 스코틀랜드 사람들은 쇼트브레드, 과일이 많이 들어간 던디 케이크, 꿀, 라즈베리, 오트밀, 위스키나 드람뷔로 만들어 크림 같고 달콤한 크라나칸을 매우 좋아한다. 귀리와 위스키는 크라나칸의 액체 버전인 아톨 브로스에도 들어간다.

브리튼에서는 위스키의 철자가 'whisky'다. 스코틀랜드에는 수백 개가 넘는 증류소가 있으며, 대부분은 북동부에 있다. 스카치위스키 협회에 따르면 2022년 전 세계 수출액은 60억 파운드로 급증했다고 한다. 특히 몰트위스키의 경우 전통적인 방식에 따라 증류하며, 전 세계적인 인기를 자랑한다.

싱글몰트의 분류는 100개가 넘는데, 이는 하이랜드, 로랜드, 아일레이섬, 캠벨타운, 스페이사이드 등 다섯 지역으로 나뉜다. 아일레이, 스페이사이드, 하이랜드의 증류소가 특히 유명하다. 유명 브랜드에는 카듀, 달라스 두(1899년에 설립되어 현재는 역사적 건축물과 기념물 부서에서 운영)를 비롯해 글렌그란트, 글렌파클라스, 글렌피딕, 글렌리벳, 글렌모렌지 링크우드, 맥켈란, 모틀락, 스트라스아일라, 탐두, 탐나블린 등이 있다.

전 세계에서 가장 널리 퍼진 위스키는 블렌디드 위스키지만, 사람들이 몰트위스키의 미묘한 차이를 발견함에 따라 몰트위스키 소비도 점차 늘고 있다. 이런 차이에는 몰트를 만들 때 물이 첨가되는가, 여과 시 피트(이탄)를 썼는가, 화강암을 썼는가, 증류기의 모양이 중요한가, 맥아가 국내산인가 외산인가 등이 있다. 위스키 감정 전문가들은 정답이 모두 '향'에 있다고 답할 것이다. 에든버러에 있는 스카치위스키 헤리티지 센터에서는 위스키 산업에 관해 종합적으로 소개하고 있다.

그런데 위스키가 언제나 스코틀랜드의 1등 주류였던 것은 아니다. 17~18세기에 즐겨 마시던 음료는 보르도에서 리스로 수입된 클라레(프랑스 보르도산 레드와인)였다. 실제로 로버트 번즈는 '실버 태시'라는 노래에서 '나에게 1파인트의 와인을 가져다주오'라는 가사로 레드와인이 얼마나 많이 소비되는지를 반영했다. 와인에 세금을 매기자 와인의 인기는 사그라들었고, 대신 기존의 불법 증류기가 대중화(와 합법화)되고 오늘날의 고부가가치 위스키 산업이 발달하게 되었다.

## 스코틀랜드 경제

스코틀랜드의 금융 서비스는 매우 탁월하다. 사이버 보안을 포함해 금융 산업의 선두 주자로서, 스코틀랜드 금융 산업의 가치는 174억 파운드에 달한다. 콜센터 같은 글로벌 비즈니스 서비스 역시 중요한 부문으로, 23만 명을 고용하고 150억 파운드를 벌어들이고 있다. 이는 스코틀랜드 억양이 전문적이고 신뢰감이 가며 호감이 가기 때문이기도 하다.

기술도 매우 중요한 부문이다. 약 10만 명이 소프트웨어 개발부터 무선통신에 이르는 디지털 분야에서 일하고 있으며, 약 65억 파운드의 가치를 자랑한다.

기후 위기에 재생 에너지 부문이 성장하고는 있지만, 석유와 가스 산업은 여전히 약 16만 8750개의 일자리를 창출하고 있으며, 경제에 이바지하는 규모도 92억 파운드나 된다.

관광, 항공우주, 창의 산업(게임, 애니메이션, 음악, 예술 등) 부문이 각각 벌어들이는 액수는 약 40억 파운드다.

스코틀랜드는 유럽 최대의 생명과학 클러스터를 보유한 나라로 771개의 생명과학 기업이 있다. 스코틀랜드가 주도한 여러 과학적 돌파구에는 복제 양 돌리, MRI 스캐너 개발, p53 종양억제유전자 발견 등이 있다. 이러한 기술 중 대부분이 글래스고와 에든버러 사이에 있는 '실리콘 글렌'에서 탄생했다.

## 웨일스 소개

웨일스는 웨일스어로 컴리$^{Cymru}$라고 하는데, '친구의 나라'라는 의미다. 영어로는 그냥 웨일스라고 한다. 계곡과 광활한 산악 지대에 예배당과 농장이 많은 곳으로 알려져 있다. 또한 웨일스어 사용에 대한 열정이 점점 높아져서 브리튼에서 유일하게 모든 공식 표지판과 문서에 두 언어를 쓰고 있는 곳이기도 하다.

또한 남성 합창단으로도 유명하다. 남성 합창단은 오래된 석탄 광산과 주철 공장에서 기원한다. 가장 유명한 현대 웨일스 합창단에는 던반트, 모리스톤 오르페우스, 펜디러스, 트레오키, 웨일스 국립 오페라 등이 있다. 스코틀랜드, 아일랜드 등 다른 켈트 문화권과 마찬가지로 웨일스 사람들도 연극, 시, 미사여구, 토론, 스토리텔링 등을 애호하며, 과거에도 그랬지만 현재에도 저명한 웨일스 출신 인물들도 많다.

브리튼에서 지배적인 대서양 기후의 관문으로 자리하고 있으면서 하늘이 내린 아름다움을 간직한 지형과 변화무쌍한 기후를 갖춘 것을 생각하면, 웨일스가 전 세계 작가, 음악가, 예술가, 공예 장인들에게 영감의 원천이 되는 점은 너무나도 당연하다. 이것이 가장 잘 드러나는 곳이 바로 매년 열리는 유럽 최대 음악과 시 경연 대회인 내셔널 아이스테드바드 오브 웨일스다. 여기에서는 상금을 걸고 하프의 선율에 맞추어 서정적인 시를 낭송하고, 남성 합창단이 공연을 한다.

## 인구와 언어

웨일스 인구는 300만 명이 조금 넘는데, 과반수가 산업화된 남부 지방에 산다. 카디프가 가장 큰 도시(2021년 기준 인구 36만 2000명)고, 스완지(2021년 기준 인구 23만 8000명)다.

웨일스어가 널리 사용되지만, 수도인 카디프에서는 그렇지 않은 편이다. 2022년 연간 인구조사에 따르면 웨일스 인구의 29.5%가 웨일스어를 사용하고, 웨일스어를 모국어로 사용하는 인구는 농업지역인 북부와 서부에 많았다. 앞서 말했던 대로, 웨일스어는 모든 도로 표지판, 공공 안내, 공공건물 등에 함께 사용된다. 웨일스어를 모국어로 쓰는 일부 고립된 곳을 제외하고는 모든 사람이 영어를 구사할 수 있으며, BBC 컴리 웨일스에서는 영어와 웨일스어로 방송을 내보낸다. 2011년 인구조사에 따르면 웨일스어 구사자의 수는 2001년 21%에서 9%로 줄었다. 귀네드만이 인구의 과반수가 웨일스어로 말하고, 읽고, 쓸 수 있는 것으로 나타난 유일한 지역이었다. 2000년 이후 웨일스 학교에서 웨일스어를 모국어 또는 제2외국어로 가르치기 시작했다. 웨일스에서 웨일스어 교육을 늘리자는 제안은 계속해서 논란의 대상이 되고 있다. 웨일스어에는 자음이 많고, 오르락내리락하는 독특한 리듬이 있으며, 이는 웨일스 사람이 영어로 말할 때 그대로 묻어난다.

지방에서는 엄격한 감리교의 영향을 전통적으로 많이 받았기 때문에 다소 지역주의가 강하다고 느낄 수 있으며, 사람들도 잉글랜드 사람들에 대해 그다지 호의적인 편은 아니다. 그렇지만 그런 점이 풍요로운 켈트 문화와 전통을 즐기는 데 방해가 되지는 않는다.

## 지리와 역사

웨일스 고지대에서 가장 유명한 곳은 북부에 있는 스노도니아 국립공원으로, 면적이 2137km²에 달한다. 스노든(웨일스어: Yr Wyddfa)이 최고봉으로, 높이는 1085m다. 북부에 높은 산이 가장 많기는 하지만, 중부 웨일스에도 아름다운 산이 있다. 세번강은 전체 길이가 354km로 브리튼에서 가장 긴 강이다. 또 다른 주요 국립공원에는 브레콘비콘스(면적 약 1300km²)가 있다. 웨일스의 산은 웨일스와 리버풀, 버밍엄 등 잉글랜드 도시의 귀중한 수원이다.

　　로마 제국이 브리튼에서 철수하기 훨씬 전에, 웨일스는 군주들이 통치하는 독립적인 켈트족의 근거지였다. 11세기에 잉글랜드의 신생 앵글로노르만 왕국은 웨일스 군주들 사이의 권력 다툼이 비일비재해 국경 지역의 치안을 유지하기가 점점 어려워지는 상황에 직면했다. 정복왕 윌리엄이 이 '웨일스 문제'의 해법을 찾으려고 했지만, 성공을 거두지는 못했다. 12세기 후반부에 헨리 2세는 '분할 통치' 계획을 세웠다. 앵글로노르만족 변경 지방의 영주들이 첩스토, 브레콘, 몬머스 등 소규

모 지역과 잉글랜드, 웨일스, 스코틀랜드 사이의 변경 지대를
무자비하게 통치했다.

잉글랜드와 웨일스 간의 문제는 에드워드 1세가 변경 지방
영주를 통해 마지막 남은 웨일스 군주인 허웰린 압 그루피드
를 웨일스 중부에 있는 오레윈교 전투에서 패퇴시킴으로써 웨
일스를 잉글랜드로 병합했던 1282년에 정점에 이르렀다. 웨일
스의 병합은 독립 국가에 대한 희망이 모두 사라졌음을 의미
했다. 에드워드 왕은 유명한 건축 장인 세인트 조지의 제임스

란도베리 도시를 내려다보는 허웰린 압 그루피드 비칸상(스테인리스 스틸)

에게 웨일스 곳곳의 전략 요충지에 애버리스트위스성, 카나번성, 콘위성, 플린트성, 할렉성 등 장엄한 난공불락의 성을 짓도록 함으로써 입지를 강화했다. 이 건축 사업은 그 규모가 122년경에 하드리아누스 황제의 명으로 지어진 하드리아누스 방벽에 맞먹을 정도로 거대했다. 그 후에도 브리튼에서 이 정도로 큰 규모의 건축 사업은 없었다.

에드워드 1세는 권력을 더 공고히 하기 위해 1284년에 카나번 성에서 에드워드 2세가 되는 아들을 출산했고, 그를 웨일스 공에 봉했다. 이후 왕실의 장자가 이 칭호를 받게 되었는데,

찰스 왕은 1969년에, 그의 아들인 윌리엄 왕세자는 2022년에 이 칭호를 받았다.

15세기가 되자 잉글랜드의 법과 행정, 그리고 만연한 빈곤과 경제적 어려움에 대한 웨일스 사람들의 원성이 높아졌고, 민족주의 지도자 오와인 글린두르가 헨리 4세와 정면충돌했다. 초기에는 잉글랜드에 몇 번에 승리를 거두었지만, 글린두르는 1403년 슈루즈베리 전투에서 헨리와 웨일스 공에 패하고 말았다. 웨일스는 패배했지만, 한 세기가 지나기도 전에 웨일스의 혈통은 잉글랜드 왕실과 밀접하게 연관되었다.

1485년에 헨리 7세의 즉위로 튜더 왕조가 탄생하면서 웨일스 혈통이 중요해졌다. 결국 헨리 8세 치하에서는 2개의 연합법(1536년과 1542년)으로 잉글랜드와 웨일스를 행정적, 정치적, 법적으로 통합했다. 이는 오늘날에도 여전하다. 그래서 법에 '잉글랜드와 웨일스에 적용'된다는 문구가 있는 반면에, 스코틀랜드와 북아일랜드

윌리엄 블레이크가 가상으로 그린
오와인 글린두르의 초상화(1819)

는 독자적인 입법과 사법 체계를 갖추고 있는 것이다.

　1997년에 노동당 정부의 권력 이전 정책의 일환으로 웨일스에서 주민투표를 실시했다. 이 투표에서 웨일스 문제에 대해 일정한 관할권을 갖춘 독립적인 의회(웨일스의회)의 설립 여부를 정하려고 했다. 주민투표에는 유권자의 약 3분의 1이 참여했고, 의회 설립 찬성표가 반대표보다 아주 약간 우세한 것으로 집계되었다. 그럼에도 이는 웨일스 역사에서 일대의 전환점으로 여겨진다. 웨일스의회에서는 교육, 보건, 비즈니스, 문화, 스포츠를 담당한다. 웨스트민스터의 의회에서는 계속해서 외교, 국방, 조세, 전반적인 경제 정책, 범죄, 정의, 수감 제도, 사회보장, 방송 등을 담당한다.


## **웨일스** 경제

18~19세기에 일어난 산업혁명은 철과 강철 공장, 탄광이 밀집한 남부 웨일스에 큰 영향을 주었다. 카디프는 19세기에 석탄 수출항으로 성장했고, 스완지와 뉴포트도 석탄, 철, 강철, 이외에도 브리스틀 해협 항구 입지 덕분에 번영을 구가할 수 있

었다. 머서티드빌과 에부베일은 그중에서도 매우 유명한 철강 도시다. 당연히 시간이 지나면서 석탄을 캘 수 있는 모든 계곡에는 정착민들이 몰려들었다. 석탄은 철도와 운하를 통해 항구로 운송되었다. 이 중에서 가장 유명한 뉴포트의 만머스셔 운하는 1791년에 개통되었다.

소니 영국 기술 센터가 1992년에 미드글러모건에 설립된 것은 역사적인 순간이었다. 고해상도 카메라 장치를 생산하기 위해 일본이 아닌 해외에 세워진 유일한 센터였기 때문이다. 오늘날에도 중요한 고급 제조업 부문이 웨일스에 있다.

또한 웨일스에는 160개의 항공우주와 방위산업 기업이 있으며 2만 명을 고용하고 있다. 에어버스, BAE 시스템스, GE 애비에이션 등 세계 굴지의 기업이 웨일스에 있다. 에어버스의 날개 제조 센터가 브로튼에 있는데, 영국 최대 항공우주 제조 시설이다.

그리고 1만 3000명이 자동차 산업에 종사하며, 자동차 산업 부문의 연간 매출액은 26억 파운드다. 포드와 토요타 등 30개의 '1급' 공급업체가 있다.

웨일스는 수소와 같은 대체 연료에서도 특히 전문성을 갖고 있으며, 웨일스의 최고 교육 기관과 협력을 통해 영국 내에서도 차량용 저탄소 인프라 개발을 주도하고 있다.

또한 광전자공학, 즉 감마선, X선, 자외선, 적외선 등 가시광선과 눈에 보이지 않는 방사선을 감지하고 제어하는 기기와 시스템의 개발에서도 전문성을 갖추고 있다. 그리고 통신, 센서, 레이저 부문에서도 뛰어난 역량을 보유하고 있다.


## 문화적 상징

### 【 수선화 】

수선화는 3월 1일 성 데이비드의 날과 연관되어 있기에 웨일스에서 문화적으로 매우 중요하다. 성 데이비드는 웨일스의 수호성인이다. 정원에서 매우 흔하게 볼 수 있는 꽃으로, 선명한 노란색 꽃은 재탄생과 봄의 도래를 상징한다. 19세기에 웨일스 연대에서 채택했으며, 각종 기념일에 국민적 자부심의 상징으로 많이 착용한다.


### 【 웨일스 러브 스푼 】

젊은 남성이 사랑하는 사람에게 주는 전통적인 사랑의 징표다. 웨일스의 러브 스푼은 하트, 종, 자물쇠가 서로 얽힌 모양

웨일스의 목재 러브 스푼

을 모티브로 해, 하나의 나무 조각을 깎아서 만든다. 주로 연인 사이에, 또는 사랑과 헌신을 표시하는 의미로 특별한 날에 주고받으며, 집에 장식한다.

## 【 웨일스의 용 】

웨일스의 붉은 용, 어 드라이그 고흐<sup>Y Ddraig Goch</sup>는 튜더 시기 초부터 웨일스를 상징한 문장 상징이다. 고대 신화와 연결되어 웨일스의 정체성과 저항을 상징한다. 이 엠블렘은 웨일스 깃발을 비롯해 카디프성 등 수많은 역사적 건물을 수놓고 있다.

카디프의 건물에 내걸린 웨일스 국기

## 북아일랜드 소개

지형적으로 보면 북아일랜드는 아일랜드섬의 일부이지만, 가장 가까이 위치한 곳은 너비 21km밖에 되지 않는 노스해협을 사이에 둔 스코틀랜드다. 북아일랜드는 앤트림, 아마, 다운, 퍼매너, 데리/런던데리, 티론의 6개 주로 구성되어 있다. 이전 얼스터에 속했던 9개 주 중 6개만이 북아일랜드에 있지만, 북아일랜드를 얼스터라고도 부를 때가 많다.

독립전쟁에서 처참하게 패배하고 1921년에 영국-아일랜드 조약을 체결하면서 아일랜드에는 '자치령'의 지위와 브리튼 소속이라는 두 가지 선택지가 주어졌다. 얼스터의 3개 주를 포함해 가톨릭교가 우세한 26개 주는 공화국으로 독립성을 유지하고자 했고, 당시 개신교가 우세하고 얼스터에 속했던 북부의 나머지 6개 주는 브리튼에 남아 충성을 다하기로 했다. 이런 이유로 이들을 충성파(또는 통합론주의자)라고도 한다.

따라서 북아일랜드는 스스로 브리티시라고 여기는 잉글랜드와 스코틀랜드계 개신교도와 아일랜드 사람이라고 여기는

데리의 포일강에 있는 평화의 다리

가톨릭교도로 크게 양분되어 있다. 그 결과 갈등이 종종 발생하며, 대화 시 종교나 정치 같은 금기시되는 주제를 피하는 것이 좋다. 그렇지만 전반적인 치안은 우려할 만한 수준이 아니며, 북아일랜드 전역에서 방문객을 따뜻하게 환영한다.

## 역사적 관점

고고학적 증거에 따르면 이 지역을 2000년 전에 로마 제국이 잠깐이나마 점령했다. 아일랜드에서 잉글랜드의 역사는 헨리 2세(1154~1189) 시기로 거슬러 올라간다. 1171년에 헨리 2세는 교황 하드리아노 4세에게 축복을 받으며 4000명의 남성을 데리고 워터포드에 상륙했다. 헨리 2세는 축복을 내린 지 수주 안에 모든 아일랜드의 주교가 로마의 권위를 인정하도록 했고, 게일어를 쓰는 왕 대부분이 그에게 경의를 표했다.

이후 수 세대에 걸쳐 노르만-잉글랜드 모델에 기반한 새로운 봉건 아일랜드가 생겨나 성, 매너, 우물이 있는 도시, 수도원 등을 갖추게 되었다.

1605년에 의사당에서 제임스 1세를 암살하려다 실패한 사

벨파스트 산킬 거리에 있는 윌리엄 3세의 벽화

건(화약음모사건)의 배후로 가톨릭교도들이 지목되었다. 그러면서 가톨릭에 반대하는 형법이 만들어졌고, 1607년에 제임스 왕은 '플랜테이션'을 만들기 위해 토지를 압수한 다음 잉글랜드와 스코틀랜드의 개신교도들에게 얼스터 지방에 정착할 것을 권장했다.

이러한 플랜테이션 중에 가장 유명한 곳은 데리(나중에 런던데리로 변경)로, 런던의 제복 기업에 개발을 맡겼다. 이 기업들은 도시를 둘러싸는 성벽을 건설했고, 시청, 영국 국교회 대성당,

위엄 있는 거리와 주택을 건설해 토착 가톨릭 인구를 통치할 새로운 개신교 상류층을 끌어들이고자 했다. 너무나 당연하게도 아일랜드의 고통스러운 현대 역사는 바로 이 '플랜테이션' 시기에 그 뿌리를 두고 있다.

영국 내전이 발발하기 직전인 1641년에 아일랜드의 가톨릭 교도들이 봉기에 나섰다. 그들은 결국 왕당파와 손을 잡았고, 의회파의 지도자였던 올리버 크롬웰에게 무참하게 탄압당했다. 그래서 남부 지방에서는 그의 이름을 매우 싫어한다.

스튜어트 가문의 마지막 왕이자 가톨릭으로 개종한 제임스 2세(1685~1688)를 잉글랜드가 강제로 왕위에서 물러나게 했다. 제임스 2세는 프랑스로 망명해 군대를 조직해 재기를 시도했다. 1690년 7월 12일에 새로운 개신교 왕인 윌리엄 3세가 보인 전투에서 제임스 휘하의 프랑스와 아일랜드의 가톨릭교도 세력을 물리쳤다. 거리의 끝자락에 있는 주택 벽면에 빌리 왕(널리 알려진 이름)과 그의 백마가 그려져 있는 모습을 많이 볼 수 있다.

급진 개혁주의자들은 미국과 프랑스 혁명의 영향을 받아 아일랜드를 독립 공화국으로 만들기 위해 통일 아일랜드인 연합회를 1791년에 창설했다. 프랑스는 곧이어 35대의 선박으로 구성된 함대를 밴트리 만으로 파견해 이들을 지원했지만, 날씨가 좋지 않아 이 계획은 실패하고 말았다. 이 운동은 1798년 봉기가 실패한 이후로 탄압당했다. 1800년의 연합법으로 아일랜드 의회가 폐지되었으며, 아일랜드는 1801년에 그레이트브리튼과 북아일랜드 연합왕국에 병합되었다.

윌리엄 피트 총리는 연합법 합의의 하나로 가톨릭교도에게 다양한 정치적 양보를 약속했다. 그러나 조지 3세는 개신교를 수호한다는 대관 서약을 위배하는 일이라며 이를 인준하지 않았다. 피트 총리는 이에 항의하며 사임했다.

## **정치** 지형

북아일랜드는 아일랜드공화국과 360km에 이르는 국경을 맞대고 있다. 이 국경은 영국이 EU 회원국과 유일하게 맞닿은 곳이다. 전체 인구 180만 명 중 절반 정도가 동부 해안가에 거주하며, 그 중심에는 수도인 벨파스트(인구 30만 명 미만)가 있다. 다른 주요 도시에는 리즈번, 데리/런던데리, 오마, 앤트림, 뱅거 등이 있다. 26개의 지방 정부 자치구 의회가 있으며, 웨스트민스터 의회 하원에 할당된 의석수는 18석이다.

장로교 문화를 보유한 스코틀랜드의 개신교도 정착민을 토착 가톨릭 인구에 이주시키는 일은 언제나 문제가 발생할 소지가 컸다. 양측의 갈등이 심해지면서 결국 1960년대 말부터 1990년대 말까지 30년간 '북아일랜드 분쟁'The Troubles이라는 시기로 이어졌다. 1998년 성금요일협정(벨파스트 협정)으로 개신교도와 가톨릭교도 간의 권력 분할이 도입되면서 갈등은 대체로 해결되었다. 영국 정부는 1998년 북아일랜드법을 통해 권한을 이양하거나 분할하려 했고, 그 결과 북아일랜드의 법을 제정하는 북아일랜드 의회와 법의 시행과 일상 통치를 담당하는 북아일랜드 행정부가 수립되었다.

북아일랜드 의회는 벨파스트 스토몬트의 의사당에 있으며, 108명의 의원이 입법과 행정 권한을 갖는다.

그러나 2002년에 무장 해제라는 논쟁적인 주제를 포함해 평화 프로세스에 관한 합의에 이르지 못한 이후 의회는 중단되었다. 의회의 중단과 재개가 반복되었으며, 마지막으로 중단되었던 사유는 아이리시해에서 브렉시트 이후에 적용된 무역 장벽을 해제하는 것에 관한 견해 차이였다. 2022년 선거 이후 아일랜드 민족주의 정당인 신페인당이 최대 정당으로 대두했

벨파스트 스토몬트의 북아일랜드 의사당

으며, 그 뒤를 민주연합당이 이었고, 위임 정부가 복구되었다.

아일랜드공화국과의 통일 문제의 경우 북부의 가톨릭교도 대다수는 계속해서 통일을 이상으로 여기고, 신페인당도 통일을 정치적 목표로 명시하고 있다. 2021년 인구조사에서 북아일랜드의 45.7%가 가톨릭교이고 43.5%가 개신교라고 답했다.

양 종교적 전통의 문화적인 측면에서 가장 눈에 띄는 문제는 부활절부터 9월 말까지 진행되며 개신교 공동체의 전유물인 이른바 마칭 시즌(개신교가 가톨릭교에 승리를 거둔 것을 기념하며 행진을 벌이는 기간-옮긴이)이다. 7월에 열리는 가장 큰 퍼레이드는 보인 전투에서 윌리엄 3세가 제임스 2세에 승리를 거둔 것을 기념한다. 이러한 퍼레이드는 성격상 승리주의적이므로 각종 현수막과 밴드가 포함된다. 대체로 이 행사는 윌리엄 왕의 가문(네덜란드 오라녜 가) 이름에서 유래한 '오렌지(네덜란드어로 오라녜) 당원'을 포함하는 개신교/통합론주의자 협회가 주관한다. 퍼레이드 위원회에서는 퍼레이드 시간과 장소를 신중하게 선정하기 위해 많은 노력을 기울인다.

## 문화적 상징

【녹색】

굽이치는 언덕과 초지 덕분에 '에메랄드 섬'이라고도 불리는 아일랜드는 오랜 기간 녹색과 떼려야 뗄 수 없는 관계에 있다. 이 색은 로마 가톨릭교를 상징하기 때문에 아일랜드공화국의 삼색기에는 녹색과 개신교의 오렌지색 사이에 평화의 상징인 흰색이 들어가 있다.

토끼풀도 가톨릭교 공동체가 녹색과 연결되는 것을 보여주는 또 하나의 강력한 상징이다. 로마 제국 시기의 영국에서 태어난 아일랜드의 수호성인 성 패트릭은 토끼풀의 세 잎이 삼위

일체 교리를 설명하기 위해 사용했다는 이야기가 전해진다. 이 지역의 가톨릭교도들은 성 패트릭의 날(3월 17일)에 자랑스럽게 토끼풀 문장을 착용한다. 북아일랜드의 공휴일인 성 패트릭의 날은 주로 가톨릭교도들이 기념하지만, 점점 더 많은 개신교도 특히 벨파스트에서 연례 퍼레이드에 참여하며 기념한다.

## 【 하프 】

아일랜드 사람들은 중세 시대부터 하프를 연주했으며, 전통문화, 시, 문학에도 적용되었다. 1700년대와 1800년대에 아일랜드 민족주의 세력은 하프 모양을 브리튼의 지배에 저항하는 상징으로 삼았으며, 1862년에는 기네스 맥주의 라벨에 추가되었다. 오늘날에는 다양한 국가적 행사와 아일랜드 춤 공연에서 하프를 연주한다.

목재 아일랜드 하프

## 【 레프러콘 】

아일랜드 전통문화에서 등장하는 짓궂은 엘프로, 보통 녹

색 모자와 코트를 입고 수염과 머리카락이 불꽃 같은 붉은색
으로 묘사된다. 전설에 따르면 혼자 동굴이나 숲에 살면서 무
지개의 끝에 황금 단지를 숨겨 놓는다고 한다.

## 【 얼스터의 붉은 손 】

깃발과 벽화에 자주 등장하는 얼스터의 붉은 손은 가장 먼저
얼스터에 도착해 그 땅의 권리를 갖기 위해 물을 건너 경쟁하
던 두 씨족장에 관한 암울한 전설에서 유래한다고 한다. 상대
방이 앞서고 있음을 깨달은 한 씨족장은 자기 손목을 절단해
그 손을 얼스터 해안가로 던졌다고 한다. 이 상징은 양쪽 종교
공동체 모두에서 흔히 볼 수 있다. 개신교도들은 북아일랜드
주 6개를 상징한다고 보고, 가톨릭교도들은 얼스터의 원래 9
개 주(그중 3개는 아일랜드공화국)를
상징하는 것으로 본다.

런던데리의 문장

## 【 아마 】

아마의 섬유는 리넨을 짜는 데
사용하기 때문에 11세기부터
아일랜드에서 재배했다. 19세기

에 아마 재배와 리넨 제조업이 지역 경제에서 상당한 부분을 차지했고, 벨파스트는 양질의 리넨을 생산하는 것으로 특히 유명했다. 북아일랜드 의회의 로고에는 북아일랜드의 6개 주를 상징하는 아마의 연파랑 꽃이 그려져 있다.

【도토리】

데리주는 얼스터의 역사적인 9개 주 중 하나이자 북아일랜드를 구성하는 6개 주 중 하나다. 데리라는 이름은 아일랜드어 도이레<sup>doire</sup>를 영어식으로 표기한 것인데, 오크나무 숲을 의미한다. 그래서 이 지역의 별명이 오크 잎 카운티다. 켈트 문화 유산에서 유래한 도토리는 데리/런던데리의 성장·힘·회복탄력성을 상징한다. 방문객이라면 건물, 지역의 예술 작품과 문화 행사에서 이 모티브를 자주 볼 수 있을 것이다.

## 북아일랜드 경제

북아일랜드의 리넨 산업은 1950년대에 사양세에 접어들었다. 리넨이 면화와 인조 섬유로 대체되었기 때문이다. 농업을 비롯해 벨파스트의 할랜드 앤드 울프가 주도한 조선 산업도 아시아와의 경쟁과 항공 여행의 증가로 사양산업이 되었다.

그러나 수십 년 동안 2007~2008년 세계 경제 위기와 코로나19 봉쇄를 포함한 여러 어려움을 겪은 이후, 북아일랜드 경제는 크게 회복되었을 뿐만 아니라 2023년에 실업률이 떨어졌을 정도로 성장을 이룩했다.

항공우주, 전자, 재생 에너지 등 엔지니어링과 제조업은 현재 발전 중인 분야로, 북아일랜드 생산의 15%를 차지하며, 창출하는 일자리도 전체의 11%다. 지속 가능한 에너지 부문 하나만 해도 1만 2000명이 종사하고 있다.

서비스 산업도 매우 강력하다. 4만 명이 금융 서비스, 2만 명이 글로벌 비즈니스 서비스, 1만 8000명이 법률과 관리 부문에서 종사한다.

건설은 북아일랜드 생산에서 차지하는 비중이 14%로, 북아일랜드에서 세 번째로 큰 산업이다. 다만, 2023년에는 직물, 담배, 식료품, 음료 등의 생산 부문과 함께 침체가 있었다. 그러나 식량안보와 추적성traceability에 강점이 있다. 북아일랜드는 APHIS라는 소 전자 추적 데이터베이스를 만들었고, 식량안보에 관심 있는 기업과 협업해 식량 요새 개발을 지원하기도 했다.

이는 북아일랜드가 사이버 보안, 인공지능, 통신 등 기술 분야에서 상당한 성과를 거두었기 때문이기도 하다. 덕분에 벨파스트는 2021년에 〈파이낸셜타임스〉에서 선정한 미래의 15대 디지털 경제로 뽑혔다.

애니메이션, 게임, 영화, TV 등 창의적인 기술도 좋은 성과를 내고 있다. 인기 판타지 드라마 〈왕좌의 게임〉을 북아일랜드 전역에서 촬영하고, 후반 작업을 하는 회사인 옐로우문이 오스카, 에미, BAFTA상 후보로 거론된 것만 봐도 잘 알 수 있다.

생명과학, 크루즈 관광, 소매, 자동차 수리 서비스도 북아일랜드 경제에 크게 공헌하고 있다.

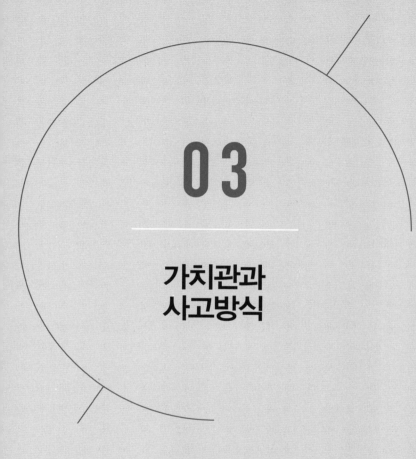

# 03

## 가치관과
## 사고방식

브리튼의 다양한 민족, 계층, 종교를 감안하면 단일한 '브리튼 문화'라는 것은 없다고 생각할 수 있다. 그러나 잉글랜드가 브리튼의 가장 큰 집단이므로, 문화적으로도 지배적인 영향을 미친다.

브리튼의 다양한 민족, 계층, 종교를 감안하면 단일한 '브리튼 문화'라는 것은 없다고 생각할 수 있다. 그러나 잉글랜드가 브리튼의 가장 큰 집단이므로, 문화적으로도 지배적인 영향을 미친다.


## 페어플레이

관용, 페어플레이, 타협에 대한 본능은 강한 정의감과 더불어 브리튼의 근본적인 특성이다. 그래서 수 세기의 역사를 지닌 법 제도, 광범위한 자원봉사와 자선 네트워크, 줄서기에 대한 전 국민의 수용적 태도가 존재하는 것이다. 2022년 9월에 엘리자베스 2세의 관이 안치된 웨스트민스터 궁전의 웨스트민스터 홀에 조문하기 위해 장장 16km에 이르는 줄이 생겼고, 사람들은 24시간 동안 대기하는 인내를 보였다.

그러나 최근에는 의무감에서 개인의 권리와 이해에 새롭게 초점이 이동하고 있으며, 행동에 영향을 주었던 공정에 대한 전통적인 생각도 많이 약해졌다. 그러면서 이러한 태도가 동물권 운동이나 극우 영국 국민당 등 극단주의와도 연관되는 경향이 있는 '단일 이슈' 정치에 영향을 주었다. 또한 브리튼 사람들은 소송을 많이 하는 사람들이 되고 있다.


## 겸손과 절제

스타일의 문제이든, 예의범절이라는 더 깊은 문제이든 간에, 브리튼 사람들은 대체로 자기 자랑을 그다지 크게 하는 편이 아니다. 부자들은 대중의 눈에 띄지 않고 조심스럽게 살고, 야심가라고 해도 자기 성과를 떠벌리지 않는다. '자화자찬은 금물'이라는 말도 있을 정도니까 말이다. 영국인은 절제에는 도가 텄는데, 일부러 재밌게 말하는 것일 수도, 그 반대일 수도 있다. 자기를 스스로 낮추는 자기 비하도 외국인이 잘 이해하지 못하는 특징이기도 하다. '달리기는커녕 목욕도 거의 못한다' I can barely run a bath, let alone a race 는 말에서 엿볼 수 있듯이 실패나 어색한 순간을 대수롭지 않게 여기듯 한다거나 어떤 성과를 거두고도 지나치게 겸손한 모습을 보이는 것은 평범한 일이다.

예절에 관한 의식과 '야단법석을 떨지' 않으려는 태도는 좋지 않은 상황에서도 사회적 위선이라고 느껴질 정도로 이를

웨스트민스터 홀에서 엘리자베스 여왕을 조용히 조문하는 사람들의 모습

견디는 모습으로 나타난다. 어떤 식당의 음식 맛이 그저 그랬을 때, 마지막에서야 웨이터에게 맛이 어땠는지 말할 정도라는 것은 공공연한 비밀이다.

　이렇게 사회적으로 어색한 상황을 만들고 싶어 하지 않는 것과는 별개로 또 유명한 것이 바로 브리튼 사람들의 '경직된 윗입술'이다. 이 표현은 브리튼의 금욕주의, 역경에 부닥쳤을 때 단호함과 침착함을 유지하는 능력을 말하는 것으로, 러디어드 키플링도 '만약에'라는 시에서 이 특징을 찬미한 바가 있다. 따라서 어려운 상황에도 브리튼 사람은 '약간 까다롭다'고 할 수 있으며, 어떻게 지내냐는 질문에는 직장에서 쫓겨났거나 반려견이 죽었거나 부모님이 돌아가셨다고 해도 '불평 금지'라는 정신으로 "잘 지내요. 고마워요"라고 답할 수 있다.


## 유머

서로를 웃음거리로 삼는 능력 덕분에 〈Yes Minister〉, 〈Monty Python〉, 〈Little Britain〉 등의 코미디 쇼에서 볼 수 있는 것처럼 일상에서 유머를 많이 접할 수 있다. 돌풍이 부는데 "오늘 바람이 조금 부네요?"라고 지나치게 축소해서 말하는 것은 브리튼의 재미있는 비유다.

　브리튼 사람들은 많은 유형의 유머에 통달했다. 14세기에 제프리 초서는 반어법, 패러디, 풍자를 활용해 『캔터베리 이야기』에 극적인 효과를 주었다. 브리튼 사람들은 오스카 와일드의 위트부터 로완 앳킨슨의 TV 안티히어로 블랙애더의 수준 높은 욕에 이르기까지 모든 수준의 언어적 재치를 즐긴다. 셰익스피어 작품과 19세기 유머·풍자 잡지 〈펀치〉 모두에서 말장난과 성적으로 빈정대는 표현을 찾아볼 수 있다. 이는 일링 스튜디오의 시리즈 영화 〈캐리온〉과 줄리언 클레어리 같은 스탠드업 코미디언의 외설스러운 이야기의 중심을 이룬다.

사회적으로 어색한 상황을 강조하는 것도 잘 먹혀든다. 로완 앳킨슨의 〈미스터 빈〉과 리키 저베이스의 〈오피스〉가 대표적이다. 시추에이션 코미디도 〈Only Fools and Horses〉, 〈Gavin and Stacey〉, 〈Peep Show〉, 〈Motherland〉 등과 같은 TV 쇼에서 찾아볼 수 있다. 지미 카, 피터 케이, 던 프렌치 등의 스탠드업 코미디언은 일상에서 웃기거나 어색한 상황을 포착하는 능력이 탁월하다. 정색한 표정으로 건조한 유머를 구사하며 사람들을 웃기는 잭 디 같은 코미디언도 있다. 고압적인 시모/장모에 관한 고정관념을 소재로 한 옛날식 풍자 또는 웃픈 농담도 여전히 단골 코미디이지만, 요즘에는 이것이 공격적이거나 성차별적이라고 느끼기도 한다.

18세기에 있었던 알렉산더 교황과 조너선 스위프트의 풍자, 윌리엄 호가스의 그림, 제임스 길레이의 풍자만화 등 인간의 약점을 풍자하는 일은 이 나라에서 아주 오랫동안 이어진 전통이다. 오늘날에도 일간지에 실린 정치인에 관한 날카롭고 노골적인 풍자만화를 통해 이러한 전통이 잘 남아 있음을 알 수 있다. 브리튼의 민주주의는 풍자적 유머에 무제한의 자유를 주었고, 그 덕분에 인형극 〈Spitting Image〉가 큰 성공을 거두었고, 〈Have I Got News for You〉와 〈Mock the Week〉 같은 퀴즈 프로가 여전히 인기를 끌고 있다. 사실 브리튼 사람들은 정치적 올바름에 관한 문제를 불러일으키거나 '취소'당하는 것에 대한 두려움이 커지는 와중에도 금기시하는 주제를 전혀 피하지 않는다. 그리고 암울한 소재에 관한 블랙 유머도 인기가 높은 장르다.

셰익스피어 시대의 모든 연극의 필수 요소였던 다른 성별의 옷을 입는 것에도 유머가 담겨 있다. 오늘날에는 『잭과 콩나무』, 『신데렐라』, 『장화 신은 고양이』 등의 동화를 바탕으로 한 인터랙티브 코믹 뮤지컬인 크리스마스 팬터마임에서 주로 볼 수 있다. 어리고 예쁜 여성이 '주인공 소년'(영웅)을, 중년 남성이 여성의 옷을 입고 '팬터마임 여자 주인공'으로서 '악랄한 계모'(코믹한 캐릭터)를 연기한다.


## 정체성과 문화유산에 대한 자부심

잉글랜드에서 문화재로 등재된 기념물이 2만 개, 건물이 50만 개에 달하고, 영국이 보유한 세계문화유산이 33개나 된다. 브리튼의 매우 풍부한 역사는 국민적 정체성을 구성하는 매우 중요한 요소다. 브리튼 사람들이 지금의 브리튼을 형성한 역사에 어마어마한 자부심을 갖고 있다는 점은 잉글리시 헤리티지, 히스토릭 로열 팰리스, 아키올로지 스코틀랜드, 웰시 히스토릭 가든스 트러스트, 그리고 유럽 최대의 문화유산 보호 단체로 코스타리카 인구보다 더 많은 530만 명이 회원으로 있는 내셔널 트러스트 등 문화유산 보호 단체의 수만 봐도 알 수 있다.

그런데 이렇게 집단적인 자부심이 표출되고 있음에도 일부는 전 세계에서 높이 평가하는 국민적 정체성을 공개적으로 드러내는 것을 조심스러워하거나 오히려 경시한다.

웨일스에서는 3월 1일에 세인트 데이비드 데이를 기념하기 위해 국가의 상징인 수선화나 리크를 달고 학교에서 콘서트를 진행한다. 아일랜드 사람들은 전 세계에서 3월 17일에 세인트 패트릭 데이를 축하한다. 스코틀랜드에서는 11월 30일에 세인트 앤드루스 데이를 국경일로 지정하고, 민속춤인 cèilidh(케일리라고 발음), 컬런 스킨크(생선 수프), 닙스 앤 태티스(스웨덴 순무와 감자), 크라나칸(오트밀, 크림, 위스키, 라즈베리로 만든 디저트) 등을 즐긴다.

반면에 잉글랜드에서는 4월 23일에 세인트 조지(용을 죽인 것
으로 유명한 잉글랜드의 수호성인) 데이가 국경일이기는 하지만 이를
기념하지는 않는다. 아무 일 없이 지나가는 경우가 대부분이
지만, 최근 몇 년 동안 영국개혁당(이전의 영국독립당, UKIP)에서
그 중요성을 강조하고 있다.


## 종교

토착 켈트족은 다양한 신이 있으며 바위, 강, 나무에도 영혼이
있다고 믿었다. 그들은 신성한 숲 또는 제례용으로 울타리를
친 구역에서 의식을 거행했다. 수소, 수퇘지, 수사슴, 수말이
신성하다고 여겼고, 신을 달래거나 행운을 불러들이거나 악한
기운을 쫓을 때 동물을 제물로 바치기도 했다. 때로는 노예나
적을 제물로 활용하기도 했다. 그리고 사후세계를 믿었다.

기독교는 로마 제국 시기에 도입되었으며, 지금까지도 브리
튼에서 가장 많은 사람이 믿는 종교로, 2021년 인구조사에 따
르면 잉글랜드와 웨일스의 인구 중 46%(2750만 명)가 기독교 신
자다. 영국 국교회는 브리튼에서 국교로 인정된 유일한 종교

고, 영국 국교회 신자를 성공회교도라고도 부른다. 총리는 왕에게 영국 국교회 수장인 캔터베리 대주교의 임명에 관해 조언한다.

여러 교파 중에서도 적극적으로 신앙생활을 하는 성인 신도가 가장 많은 것은 로마 가톨릭교회다. 정기적으로 미사에 참여하는 인원(100만 명 미만)이 줄어들다가 이민자의 영향으로 수가 늘고 있다. 기독교 싱크탱크인 테오의 2020년 연구에 따르면 런던에서 가장 큰 기독교 교파는 가톨릭(기독교 인구 중 35%)이며, 그 뒤를 영국 국교회(33%)가 따른다.

가톨릭교나 영국 국교회 등 특정 교파에서 운영하는 학교는 그렇지 않은 학교와 마찬가지로 국가의 지원을 받는다. 기독교의 연간 행사 중에서 매우 중요한 부활절과 크리스마스는 공휴일로 지정되어 있다. 그리고 학교와 언론에서 다른 종교를 열린 태도로 바라보는 덕분에 라마단(이슬람교), 디왈리(힌두교), 바이사키(시크교), 과월절(유대교) 등 다른 종교의 축제도 널리 받아들여지고 존중받고 있다.

그렇지만 교회를 가는 기독교인의 수는 급격하게 줄어서 일부에서는 브리튼 전체에서 기독교인이 다수가 아닐 것이라고 볼 정도다. 2021년 인구조사에 따르면 잉글랜드와 웨일스 인구의 37%(2200만 명)가 종교를 믿지 않는다고 답했는데, 이는 2011년 인구조사 때보다 12% 높은 수치였다. 교회 출석률이 떨어지거나 아예 가지 않는 사람이 늘면서 많은 교회가 커뮤니티 센터, 아파트, 극장, 심지어는 펍으로 개조되었다.

기독교 외에도 다른 종교도 많이 믿는다. 신자가 많은 순으로 보면 이슬람교, 힌두교, 시크교, 유대교, 불교다. 다양한 종교를 믿는 단체를 포함해 많은 종교 단체에서는 자원봉사 활동과 사회 서비스 제공에 적극적으로 나서고 있다.

## 의무와 자선 활동

다른 사람을 위해 돈을 기부하거나 시간을 내어 자원봉사 활동을 하는 형태의 관용은 브리튼 사람들의 특징 중 감탄할 만한 부분이다. 잉글랜드-웨일스 자선 위원회에 등록된 자선 단체의 수는 18만 3000개가 넘으며, 자원봉사자 수도 600만 명에 달한다. 이를 가장 잘 보여 주는 대표적인 사례가 퇴역 장교인 고故 톰 무어 경이다. 그는 99세이던 2020년에 자기 정원을 100바퀴 걷기에 도전해 최종적으로는 3800만 파운드를 모금해 NHS 자선 단체에 기부했다.

정부 다음으로 존경을 많이 받는 단체는 1865년에 윌리엄 부스가 런던에서 설립한 구세군으로, 사회 서비스를 가장 많이 지원하고 있다. 오늘날, 구세군은 134개국에서 활동하며 호스텔, 가족 찾기 서비스, 아동과 청소년 프로그램, 노년층 대상 서비스, 인신매매 생존자나 알코올중독자 지원 등의 활동을 진행하고 있다.

또한 지역사회 행사에 수천 개의 단체가 사회 보장, 교육, 스포츠, 문화유산, 환경, 예술 등 지역의 요구를 지원하기 위해 힘을 합친다.

매년 열리는 전국적인 행사에는 3월의 '레드 노즈 데이'가 있다. 이 행사에서 수천 명의 참가자들은 붉은색의 광대를 연상시키는 코를 사서 달고 다니는데, 이 모습은 ITV 방송국을 통해 중계된다. 11월에는 '칠드런 인 니드'라는 행사가 BBC의 지원을 받아 종일 방송된다. 이러한 행사에서는 수많은 개인과 기업, 지역 단체가 돈, 시간, 엔터테인먼트 재능을 기부하도록 장려하거나 자선 단체의 모금을 위한 도전 프로젝트에 나선다.

영국 국영 복권이 1994년에 도입되면서 자선 단체에 주어지는 금액에 부정적인 영향을 미쳤다. 그러나 한편으로는 복권 구입 금액의 상당 부분이 '좋은 일'에 쓰이고 있기도 하다.

## 【 아마추어 연극계 】

많은 대중 행사의 화려함과 함께 좋은 볼거리를 즐기는 브리튼 사람들은 타고난 배우라고 할 수 있다. 그들은 도전을 좋아하고, '참여'하는 것을 즐기는 동시에 매우 개인주의적이기도 하다. 당연히 브리튼에서는 아마추어 연극계('Amdram'이라고도 함)가 계속해서 명맥을 유지하고 있다. 브리튼 곳곳에서 연극, 뮤지컬 등의 엔터테인먼트 공연을 하는 각 지역의 아마추어 극단들을 볼 수 있을 것이다. 〈인디펜던트〉지에 따르면 2012년 기준 브리튼의 아마추어 극단은 약 2500개고, 1만 편 이상의 작품을 제작했다.

## 계층

역사적으로 보면 대부분 브리튼 사람은 엄격한 사회적 질서 속에서 상류층, 중산층, 노동자 계층으로 타고나며, 타고난 계층이 그대로 유지되는 편이다. 이러한 계층 체계는 TV 시대극인 〈다운튼 애비〉와 〈브리저튼〉에서 잘 묘사되어 있다.

## 【 상류층 】

상류층은 보통 귀족, 전통적인 '지배층', 즉 특권과 권력을 가진 집단을 말한다. 대개 상속된 땅이나 재산이 있는 부유한 가문들로 구성된다. 대다수가 귀족 작위를 갖고 있는데, 이 작위는 중요한 순서대로 다섯 가지(공작, 후작, 백작, 자작, 남작)가 있다. 1826년에 만들어진 『Burke's Peerage(버크의 귀족연감)』는 작위가 있는 가문의 계보도를 상세히 소개하고, 월간지인 〈태틀러〉는 1709년 창간 이래로 부유한 권력자들에 관해 보도하고 있다.

상류층은 그 안에서만 교류하는 경향이 있다. 대부분 결혼이 '중매'를 통해 이루어지는데, 결혼식, 무도회, 기타 사교 또는 스포츠 이벤트에서 '알맞은' 배경과 나이대를 갖춘 자녀를 데리고 와 소개해 준다.

돈이 부족해지는 경우 고아한 저택을 대중에 개방해 입장료를 받거나, 가치를 매길 수 없는 골동품을 쌓아 두고 곤궁한 생활을 이어가기도 한다.

상류층 사람들은 흠잡을 데 없이 완벽한 매너와 명확한 억

양으로 유명하다. 특히 분명한 'ts' 발음, 독특한 'ohs' 발음, 긴 'a' 발음 등이 있다. 찰스 왕, 케임브리지 공작 부인, 제이콥 리스모그 등이 이러한 억양을 쓰고 있다. 이는 교양 있는 스피치의 표준이 되었으며 BBC에서도 높게 평가했다. 그러나 시간이 지나면서 BBC에서도 다양한 시청자와 청취자에게 다가가기 위해 다양한 계층과 지역의 억양을 쓰는 사람들을 고용하는 데 노력을 기울이기 시작했다. 브리튼 사람들은 만난 지 얼마 되지 않아도 억양을 보고 상대방의 계층과 출신 지역을 유추할 수 있다.

이튼, 해로우 같은 사립학교와 옥스퍼드 또는 케임브리지 대학 같은 곳에 다니는 것 또한 최고급 교육 기관에서 영향력이 있는 소위 '올드 보이 네트워크'에 접근할 수 있기 때문에 상류층을 나타내는 표시로 여겨진다. 이러한 학교를 졸업한 다음에는 보통 군의 고위급 장교, 정치인, 또는 부동산 개발업자 등이 된다. 이들이 즐기는 여가 활동에는 사격, 낚시, 사냥(다만, 여우 사냥은 동물권 단체가 그 잔혹성에 반대하는 캠페인을 펼쳐 2002년에 스코틀랜드에서, 2004년에 잉글랜드와 웨일스에서 금지되었다) 등 전통적인 교외 스포츠가 있다. 많은 상류층 사람이 취미 또는 장애물 넘기 등 경쟁을 위해 승마를 즐기거나 레이싱을 하기도 한다.

그리고 폴로 경기를 하거나 관람할 가능성이 높다.

## 【 중산층 】

중산층은 부와 직업이 귀족과 노동자의 중간쯤에 있으며 보통 지주와 산업혁명 기간이나 그 이후에 돈을 많이 번 사람들이 합류한 '젠틀맨'이 해당한다. 중산층의 가치는 빅토리아 시대 사회의 중추적인 역할을 했으며 훈련된 전문가를 배출해 대영 제국의 경영에 기여했다.

오늘날 중산층에는 관리직도 포함되며, 사회에서도 이 계층 으로의 '상승'할 수 있다고 여긴다. 물론 상류층에서 '추락'할 수 있기도 하다. 전체 인구 중에서 상당히 큰 비중을 차지하 며, 특히 남부 잉글랜드에서 비중이 높다. 상류층보다는 행동 과 에티켓 면에서 덜 경직되어 있는 편이다.

교육(사립학교, 문법, 명문 공립학교, 대학 진학까지)은 중산층에 매우 중요하다. 그리고 중산층이 즐기는 스키, 골프, 승마 등의 여가 활동에는 비싼 장비나 오랜 훈련이 필요한 경우가 많다. 또한 고급 헬스장에서 요가나 필라테스를 배우는 경우도 많다.

삶의 방식에서 상류층보다는 유연한 태도를 보이지만, 중산 층도 국왕의 의회 개회식, 버킹엄 궁전에서 열리는 가든파티,

왕실 결혼식과 기념일 등 화려한 행사를 즐긴다.

## 【 노동자 계층 】

18세기에 철도, 운하, 공장의 발달은 새로운 산업 노동자 계층을 탄생시켰다. 한때는 이 용어가 착취와 사회 불평등을 떠오르게 했지만, 오늘날에는 정당에서 '열심히 일하는 사람'이나 전체 노동 인구를 말할 때 주로 사용된다. 20세기 초에 노동자의 권리를 보호하기 위해 발달한 노동조합은 오늘날의 노동당을 형성했다.

노동자 계층에는 고유한 관습과 에티켓이 있어서 이 계층의 생각과 행동에 영향을 미친다. 노동자 계층의 문화는 TV '연속극'에서 잘 나타난다. 최장수 프로그램인 〈Coronation Street〉와 〈Hollyoaks〉에서는 잉글랜드 북서부의 생활을, 〈Emmerdale〉은 북동부의 요크셔데일의 일상을, 〈Eastenders〉는 런던 이스트엔드와 그 주변의 삶을 반영한다.

TV 시청 외에는 활동에는 동네 펍에 가거나 남성 클럽(요즘에는 여성도 입장할 수 있다)에서 스누커나 다트 게임을 하거나 축구 경기를 하거나 도박장 또는 빙고장에서 '돈을 걸고' 내기를 즐기기도 한다.

이전에는 계층을 분리했던 위계질서의 엄격함도 최근에는 많이 유연해졌다. 똑똑하고 공립 교육을 받은 노동자 계층 출신이 학자금 대출이나 장학금을 받고 옥스퍼드 대학에 진학한다거나, 콘월 공작이 그랬던 것처럼 왕자가 대학에서 중산층 여성을 만나 결혼하는 일도 가능해졌다. 어떤 사람들은 상류층의 부와 그에 딸려 오는 모든 과시적인 요소를 상속받은 이들을 '올드 머니'라고 하면서 '뉴 머니', 즉 '신흥 부자'(사업에 성공하거나 복권 당첨 또는 범죄로 막대한 부를 쌓았지만 상류층과 교류하기에는 억양, 교육 수준, 사교적 기술이 부족한 노동자 계층 사람을 깎아내리는 데 주로 사용되는 용어)와 구분한다.

사람들은 대체로 같은 배경의 사람들과 어울릴 때 더 편안함을 느낀다. 예를 들면, 노동자 계층 사람이 '상류 사회'의 결혼식에 가면 불편하고, 귀족이 도박장에 가면 불편한 것처럼 말이다. 그렇지만 어느 정도의 자신감을 가지면 괜찮을 수 있다. 다만, 자기의 '계층'보다 위나 아래로 가서 어울리는 것에는 그만한 대가가 따를 수도 있다. 예를 들어, 노동자 계층 사람이 중산층이나 가는 비싼 헬스장에 다니거나 귀족이 빙고를 좋아하게 되면 놀림을 받을 수도 있다.

## 【 '서훈' 명단 】

브리튼에는 '서훈'<sup>Honours</sup>이라고 하는 공적 시상 체계가 있어서 개인의 계층이나 부의 수준과 관계없이 공로를 인정하면 표창을 수여한다. 외교관, 정치인, 공무원부터 스포츠 스타, 예술가, 기업가, 지역사회 활동가 등 누구든지 사회에 크게 공헌했다면 공적으로 인정받을 수 있다.

서훈 명단은 1년에 두 번 발표하는데, 신년 서훈은 전년도 12월 말에, 국왕탄신일 서훈은 국왕의 공식 생일인 6월에 발표한다.

신년 서훈 명단은 현직 총리가 여러 장관과 공무원의 의견을 받아 취합한다. 국왕탄신일 서훈 명단도 여러 장관과 공무원이 취합하는데, 국왕과 보좌진의 의견도 반영된다.

서훈은 작위부터 사소한 부상에 이르기까지 많은 단계로 나뉜다. 이러한 서훈이 다양한 배경의 모든 사람이 일종의 신분 상승을 이룰 계기이기도 하지만, 호칭 수여를 남발하다 보니 일각에서는 호칭의 내재적인 가치가 떨어진다고 보기도 한다. 노동당의 일부에서는 이러한 서훈 체계 자체가 사라져야 한다고 생각한다.

## **상류** 문화와 하류 문화

'상류' 문화는 대체로 상류층, '하류' 문화는 대중과 연관된다. 비싸고 세련된 상류 문화를 제대로 해석하고 감상하려면 일정한 수준의 지식과 학습, 비판적 사고가 필요하다. 그러한 기술이 없는 사람에게 상류 문화는 어렵거나 재미없거나 가식적으로 느껴질 수 있다. 반면에 엘리트 계층 사람들은 대중음악이나 리얼리티 TV 등 접하기 쉽거나 편리해서 많은 사람을 끌어모으는 특정한 하류 문화를 경시하기도 한다. 그래서 문화는 분열을 일으킬 수도 있다.

패션은 취향과 편안함을 중시하지만, '오트 쿠튀르', 즉 맞춤형 디자이너 의상은 장인정신과 입는 사람의 부를 나타낸다. 이와 반대에 있는 것이 저렴하고 대량 생산된 의상으로 내구성이 1년도 채 가지 못하는 패스트 패션이다.

오트 쿠튀르처럼 발레, 미술, 오페라, 클래식 음악, 셰익스피어 연극 공연은 부자들의 전유물로 인식하는 경우가 많다. 그러나 BBC 프롬스나 셰익스피어 글로브 등의 저렴한 공연 티켓은 종종 구할 수 있으며, 런던의 영국박물관을 포함해 대부분의 공공 박물관과 미술관은 무료로 즐길 수 있다.

브리튼에서는 예술계가 매우 활발한데, 이는 사람들의 재능과 창의력이 탄탄하고, 잉글랜드 예술 기금과 예술위원회 등의 전국적인 기금 단체에서 지원을 받는 덕분이다. 이러한 단체에서는 정부와 국영 복권에서 받은 공적 자금을 문화 기관에 투입한다. 런던에 있는 내셔널 갤러리와 로열 오페라 하우스, 에든버러의 로열 스코티시 아카데미 등 브리튼의 유명한 예술의 전당은 그 대표적인 사례다.


## 미덕, 부도덕, 유별난 특성

브리튼 사람들은 자연, 언어, 위트를 좋아하고 사과하기도 즐긴다. 누군가의 발을 실수로 밟았을 때, 발을 밟힌 상대방이 먼저 "미안해요"라고 말한다고 해서 놀라지 말자.

'모든 일에는 때와 장소가 있는 법'이라는 표현은 조화와 질서의 필요성을 보여 준다. 특히 질서라는 말은 하원을 총괄하는 의장이 토론 중에 흥분한 의원들에게 정숙을 요구하며 "질서를 지켜 주십시오! 질서를 지켜 주십시오!"Order! Order!(언제나 두 번)라고 외치는 모습에서 일상적으로 들을 수 있다.

브리튼 사람들은 자기 주변의 무리와 잘 어울리고 싶어 하는데, 이를 잘 보여 주는 것이 바로 국가별 전통 의상을 입는 것이다. 스코틀랜드에서는 타탄과 킬트, 웨일스에서는 높이가 높은 검은색 모자와 '베드가운'이라는 붉은색 모직 숄을 입지만, 잉글랜드에는 국가 전통 의상이 없다. 그렇지만 잉글랜드 사람들은 제복을 사랑한다. 학생 대부분이 교복을 입고, 모리스춤을 추는 사람들은 잉글랜드 지방 축제에서 흰색 셔츠와 리본으로 장식된 바지를 입는다. 군에서는 성대한 국가 행사가 있을 때 예복을 갖추어 입고, 런던 타워를 지키는 요먼 경비대(또는 비피터)는 오늘날까지도 고유의 붉은색과 검은색으로 된 튜닉을 입는다.

제복은 사회적으로 일치되었다는 느낌을 강화하는 것뿐만 아니라, 지역 축구 클럽을 열정적으로 응원하는 데서 나타나는 또 다른 브리튼의 특징인 충성심을 잘 보여 준다.

그럼에도 브리튼 사람들은 개별성도 중시한다. 그래서 '내 집이 곧 내 성'이라는 표현이 생긴 것이다. 기이한 지역 축제와 신문에 실린 무모한 발명가의 이야기에서도 볼 수 있듯이 브리튼에서는 불가사의하고 특이하며 유별난 것을 좋아한다.

천성이 창의적이고 실용적이며 호기심이 왕성한 브리튼 사람들은 회복탄력성과 자급자족 능력도 뛰어나다. 이러한 특성은 대처와 블레어 시기에 개인적 성취를 강조했던 것과 맞물려서 기업가 활동의 폭발적인 확대를 불러왔다.

이러한 미덕이 있지만, 때로는 '거만함'을 내비칠 때도 있다. 자제력과 '경직된 윗입술'이라는 표현처럼 어려움이 닥쳐도 감정을 보이지 않으려는 의지는 억압되어 있다거나 내성적으로 보이게 만든다. 그러나 2012년 YouGov 설문조사에 따르면 많은 사람이 이러한 분석에 이의를 제기했다. 웨일스 공비 다이애나의 사망 당시 터져 나왔던 대중의 슬픔과 리얼리티 TV에서 쉽게 볼 수 있는 감정적인 장면, 또는 과음하고 나서 감정을 분출하는 모습 등을 지적한 것이다.

여기서 브리튼 사람들의 또 다른 부도덕을 찾을 수 있다. 바로 술을 너무 좋아한다는 점이다. '펍 문화'의 부작용으로 만취한 남성과 여성이 비틀거리며 집으로 가거나 공공장소에서 구토하거나 소변을 보는 모습을 심심치 않게 볼 수 있다. 기본적으로 많은 브리튼 사람이 말수가 적은 편임을 감안하면 일종의 모순이라고 볼 수 있다. 마음속에 억눌린 것들을 털어버리기 위해 술을 마신다고도 설명할 수 있겠다.

브리튼 사람들은 회의적이며 반<sup>反</sup>지성적이고, 전문가를 무시하거나 잘 믿지 않거나 공공연히 적대할 수도 있다. 이는 2021년 이후로 들끓었던 전국적 코로나19 백신 접종에 관한 토론에서 잘 나타난다. 2021년 인구조사에서 35%만이 국가 정부를 믿는다고 답했는데, 이는 OECD 38개 회원국 평균인 41%를 밑도는 수치였다. 브리튼 사람들이 '쇠고집'이라고 표현하는 것처럼 어떤 고집 때문에 이러한 회의적인 태도가 더 강화되는 것일지도 모르겠다.

## **성에** 대한 태도

오래전부터 성에 대한 태도는 솔직하지 못했다. 이러한 모호한 태도는 때때로 극단적인 결과를 낳았다. 올리버 크롬웰의 청교도 연방(1653~1658) 시기나 빅토리아 여왕(1837~1901) 시기에는 정숙함에 대한 왜곡된 의식으로 피아노 다리마저 가려버리는 사람이 있었고, 19세기 섭정 시기처럼 과도하게 개방적일 때도 있었다. 어떤 사람들은 오늘날이 지나치다고 말하기도 한다.

성과 성적 억압은 브리튼의 작가, 극작가, 예술가, 엔터테이너, 사회 개혁가들이 수 세대 동안 주요하게 집중했던 문제다.

런던 웨스트엔드에서 오랫동안 공연된 익살극 〈우리는 신사예요〉(1971~1987)가 이러한 장르의 대표 주자다. 1960년대에 브리튼에는 일명 '성 혁명'이 일어나 이혼율이 높아지고 성적 자유도가 늘었으며 1980년대의 에이즈처럼 성적으로 전염되는 감염과 질병이 많아졌다.

어떤 방문객들은 오늘날 브리튼에서 보이는 성에 대한 개방적인 태도에 충격받을 수도 있다. 성적 선택과 지향 측면에서 지면과 방송 언론에서는 성적 자유를 지지하고, TV 드라마에서도 노골적인 성관계 장면이 많이 보이며 성과 관련된 유머와 기사도 잡지나 신문, 웹사이트에 많이 실리기 때문이다.

그래도 브리튼 사람 대부분은 여전히 성생활을 사적인 영역으로 두는 편이다. 그렇지만 2022년 기준 전 세계적으로 월 방문객 수 10억 명을 돌파한 '온리팬스'라는 구독 사이트에 자기 모습을 촬영해 게시하는 사람들도 있다.

## 【 퀴어한 브리튼 】

'퀴어'라는 말은 원래는 경멸하는 표현이었다. 1980년대 이후로 게이 공동체에서 도발적인 의미로 사용하기 시작했다. 오늘날에는 단순히 이성애자 남성/여성이 아닌 존재를 나타내는 의미로 사용한다. 동성애 행위는 거의 모든 문명에서 기록을 찾아볼 수 있으며, 브리튼의 경우 켈트족 시대로까지 거슬러 올라간다. 에드워드 2세(1307~1327), 제임스 1세(1603~1625), 앤 여왕(1702~1714)은 게이나 레즈비언이었을 것으로 추측한다. 작가 E. M. 포스터, 극작가 노엘 카워드, 수학자이자 암호학자 앨런 튜링도 게이다. 특히 튜링은 1952년에 정부의 악명 높은 화학적 거세형을 받았고, 사후에서야 사면되었다. 오늘날 튜링은 영웅으로 여겨지며 그의 초상은 50파운드 지폐에 실렸다.

1533년에 남성의 동성애가 불법이 되었고, 1861년까지 사형으로 처벌할 수 있었다. 동성애자로 낙인찍히면 징역형을 선고받고, 그 낙인은 커리어·인간관계·평판을 파괴할 정도였다. 1895년에 대담한 극작가 오스카 와일드는 게이 연인의 아버지를 명예훼손으로 고소한 것으로 유명하다. 당시 와일드는 중대한 외설 행동을 한 것으로 2년의 강제노동형을 선고받았다.

진보적인 1960년대에 접어들면서 동성애에 반대하는 법이 바뀌기 시작했지만, 태도의 변화는 느렸다. 조지 마이클이 1998년에 미국에서 경찰의 함정 수사로 잡혔을 때 언론과 여론의 적대적인 태도를 보면 잘 알 수 있다. 그 이후로 꾸준히 동성애에 대한 태도도 변했고, 2004년에 시민동반자법이 도입되어 동성 커플이 법적 동반자로 인정받게 되었다. 2013년 결혼(동성 커플)법으로 잉글랜드와 웨일스에서 비이성애자 간의 결혼을 허용했다. 스코틀랜드는 2014년에, 북아일랜드는 2019년에 이러한 법을 도입했다.

오늘날 논바이너리, 즉 젠더가 없거나 여러 개이거나 여러 젠더를 오가는 사람이라고 정체성을 밝히는 사람들도 사회적으로 많이 받아들여지고 있다. 논바이너리에는 레즈비언, 게이, 바이섹슈얼, 트랜스젠더, 퀴어/성 정체성 탐구자, 간성, 무성LGBTIQA+ 또는 그 외가 해당한다.

대중적으로 게이 공동체가 수용되기 시작한 것은 첫 번째 영국 프라이드 축제가 1972년에 런던에서 열렸을 때다. 이후로 사람들과 전국적인 기업에서는 무지개 깃발을 휘날리며 지지를 표시했다. 국립사회연구센터의 조사 결과 1983년에 동성 성인 간의 성적 관계가 잘못되지 않았다고 답한 사람이 17%였던 것에서 현재는 67%로 늘어난 것을 보면 태도가 변했음을 알 수 있다. 런던과 브라이턴에서 퀴어 공동체가 특히 강하다.

2021년에 실시한 잉글랜드와 웨일스 인구조사에서 최초로 16세 이상 응답자에게 성적 지향과 젠더 정체성에 관해 자발적으로 답하는 항목을 제시했다. 그 결과 89%(4300만 명)가 이성애자였고, 3%(150만 명)이 게이, 레즈비언, 바이섹슈얼 또는 기타 성적 지향을 가졌으며, 0.5%(26만 2000명)가 출생증명서에 등록된 성별과 다른 성별이 자기의 젠더 정체성이라고 밝혔다 (6%는 무응답). 이 0.5% 중에서 4만 8000명이 트랜스 남성, 4만 8000명이 트랜스 여성, 3만 명이 논바이너리라고 밝혔다. 약 1만 8000명이 대안 정체성을 선택했으며, 11만 8000명은 정체성을 답하지 않았다. 2022년 런던 킹스크로스에 개관한 퀴어 브리튼 박물관에서는 이 주제를 더 자세히 다루고 있다.

# 04

## 풍습과 전통

크리스마스 날에 선물을 교환하는 등의 국내 전통도 수 세대에 걸쳐 이어져 내려오며, 브리튼 사람들의 대다수가 여전히 이 전통을 지키고 있다. 그런가 하면 5월의 메이폴 춤처럼 특정한 장소나 시기에 하는 것으로 널리 알려진 풍습도 있다. 브리티시로서의 중요한 요소는 바로 전통과 풍습을 따르는 것, 아니면 최소한 이를 존중하는 것이다.

## **화려한** 행사

브리튼의 역사적 행사들은 공공 극장에서 성대하게 열려 브리튼 전역과 해외에서 참가하려는 사람들이 모여든다. 의회 개회식을 예로 들면, 말이 끄는 훌륭한 의식용 마차를 타고 왕실 로브를 입은 국왕이 웨스트민스터궁으로 이동해 상원의 옥좌에서 연설한다. 남성과 여성 의원, 판사, 의회 주요 인사들은 붉은색 로브, 가운 또는 제복을 입는다. 군대는 각종 메달을 단 예복을 입고, 하원 의원들은 격식을 차린 'morning suit'을 입는다. 수천의 군인, 말, 음악가들이 행진하는 트루핑 더 컬러도 장관이다. 군통수권자인 국왕은 6월 두 번째 토요일에 공식 생일을 기념해 새로운 근위대 연대를 사열한다.

크리스마스 날에 선물을 교환하는 등의 국내 전통도 수 세대에 걸쳐 이어져 내려오며, 브리튼 사람들의 대다수가 여전히 이 전통을 지키고 있다. 그런가 하면 5월의 메이폴 춤처럼 특정한 장소나 시기에 하는 것으로 널리 알려진 풍습도 있다. 브리티시로서의 중요한 요소는 바로 전통과 풍습을 따르는 것, 아니면 최소한 이를 존중하는 것이다.

## 국가적 축제와 행사

많은 국가적 축제가 국경일을 기념해 열린다. 신년일은 1월 1 일 새해의 시작을 기념한다. 대부분이 산책하거나 집에서 쉬지만, 런던에서는 신년일 퍼레이드로 축하한다.

일부 기독교인들은 3월 또는 4월의 부활절 일주일 전부터 시작되는 성주간을 일부 혹은 전부 지킨다. 성주간의 시작은 종려 주일이다. 이날은 예수 그리스도가 예루살렘에 들어갈 때 운집한 군중이 종려나무 가지를 흔들었던 것을 기념한다. 다음날인 성 월요일에 예수가 열매를 맺지 않는다며 무화과나무를 저주했는데, 무화과나무가 진정한 길을 저버린 사람을 상징한다고 알려져 있다. 성 화요일에 예수는 자신의 죽음을 예언했고, 성 수요일에는 유다가 예수를 배반했다. 세족 목요일은 예수의 마지막 식사인 최후의 만찬을 기념한다. 성 금요일은 로마 제국이 예수를 십자가에 못 박은 날이다. 일부 기독교인들은 이날 교회에 가거나 예수의 마지막 순간을 재현한 예수 수난극을 관람한다. 그리고 티타임에는 향신료가 들어간 '십자가 무늬 빵'을 먹는다. 그리고 부활절 일요일에는 교회 예배에 참석해 예수의 부활을 축하한다. 가정에서는 달걀에 그

림을 그려(새로운 생명을 상징) 아이들이 숨겨진 부활절 달걀을 찾는 놀이를 하고, 차에 심넬 케이크를 곁들여 먹는다.

고대 켈트족은 5월 1일에 모닥불, 춤, 연회로 여름의 시작을 축하했다. 1978년부터 5월 첫 번째 월요일이 국경일로 지정되었다. 메이데이에는 마을과 장이 서는 도시에서 흰색 드레스를 입고 화관을 쓴 메이 퀸을 선두로 춤 공연과 퍼레이드를 펼친다.

본파이어 나이트는 11월 5일이다. 1605년에 반정부 가톨릭교도들이 하원을 폭파해 의회 의원들과 개신교 국왕인 제임스 1세를 암살하려고 했던 사건으로 거슬러 올라간다. 이 악

명 높은 '화약음모사건'의 주동자인 가이 포크스는 현장에서 체포되어 교수대에서 사망했고, 사지가 찢겼다. 이 음모를 막은 것을 축하하기 위해 사람들은 인형('가이 인형')을 만들고 모닥불을 피우고 폭죽을 쏘아 올린다.

11월의 두 번째 일요일은 전사자 추도일로, 브리튼과 연방 소속으로 제1,2차 세계대전과 이후의 전장에서 사망한 군인의 희생을 기리는 날이다. 브리튼 전국의 전쟁 기념물에서 퍼레이드, 묵념, 헌화식이 열린다. 제1차 세계대전 당시 수만 명이 전사한 플랑드르의 들판을 기리며 붉은색의 인조 양귀비를 착

업 헬리 아. 바이킹의 배를 태운 다음 밤새도록 파티가 계속된다.

| 공휴일 | |
|---|---|
| 공휴일 또는 '은행' 휴일에 대부분 은행과 상점은 문을 닫거나 영업시간을 단축한다. 우편 서비스는 이루어지지 않으며 대중교통도 제한적으로 운행된다. 공휴일은 다음과 같다. | |
| 1월 1일 | 신년일 |
| 3월/4월 | 성 금요일 |
| 3월/4월 | 부활절 월요일 |
| 5월 첫 번째 월요일 | 메이데이 |
| 5월 마지막 월요일 | 춘계휴일 |
| 8월 마지막 금요일 | 하계휴일 |
| 11월 30일 | 세인트 앤드루스 데이(스코틀랜드만 해당) |
| 12월 25일 | 크리스마스 |
| 12월 26일 | 박싱데이 |

용한다.

기독교를 믿든 아니든, 브리튼 사람 대다수가 12월 25일에 크리스마스를 축하한다. 크리스마스가 되기 몇 주 전부터 가족과 지인을 위한 선물을 사고, 친구나 동료들과 함께 크리스마트 파티를 즐기며, 조명 등으로 크리스마스트리를 꾸미고, 재림절 달력 기간에는 창문을 열어둔다. 크리스마스 날에는 선물을 주고받고, 흥겨운 음악을 틀고 게임을 하며, 전통적인 크리스마스 만찬을 즐긴다.

스코틀랜드에서는 새해 전날을 호그머네이라고 한다. 불꽃놀이와 함께 춤을 추고, '올드 랭 사인'을 부르며, 에든버러에서는 바이킹 역사를 인정하는 의미에서 헬멧을 쓰고 방패를 들고 횃불 행진을 한다. 셰틀랜드에서는 업 헬리 아 행사가 율(크리스마스의 다른 표현-옮긴이) 시즌의 대미를 장식한다. 이 겨울 불꽃 축제는 1000명의 참가자가 불타오르는 횃불을 들고 러윅을 가로질러서 노르웨이 바이킹 배의 모형을 태우는 것으로 절정에 이른다.

## 민속 문화

브리튼의 시골 지역에는 민속 문화와 지역 문화 풍습 활동이 풍부하다. 스코틀랜드 섬들의 전통 오크니 의자 만들기부터 말썽꾸러기 픽시(요정)가 행운을 가져다준다는 콘월의 미신까지 형태도 다양하다. 전투 재현, 스토리텔링, 가을의 수확제 등도 전국적으로 열린다.

봄이 오는 것을 환영하기 위해 색색의 리본이 걸린 메이폴을 둘러싸고 춤을 추는 전통이 있는데, 춤이 끝날 무렵에는 일정한 패턴을 형성하게 된다.

1400년대 중반부터 이어져 온 모리스 춤도 봄 축제의 또 다른 특징이다. 남성들이 흰옷을 입고 정강이에 종을 달고서 패턴이 있는 안무를 추며, 리드미컬한 스텝으로 손수건을 흔들고, 막대기를 맞부딪치고, 크게 소리를 지른다. 오늘날에는 교외 축제나 마을 행사 시 야외에서 많이 춘다.

여름 행사는 보통 장식용 깃발로 꾸며진 마을 광장에서 열린다. 대회를 위해 구웠을 빅토리아 스펀지 등 수제 케이크를 만드는 노점도 많다. 전통적인 엔터테인먼트에는 펀치와 주디 인형극, 코코넛 떨어뜨리기, 추첨권을 사고 회전하는 원통에서 자기 번호가 나오면 경품을 받는 복권의 일종인 톰볼라 등이 있다.

브리튼의 민속 축제는 중세 시대부터 열렸다. 매년 글로스터셔에서 열리는 쿠퍼스힐 치즈 굴리기 경주는 약 600년의 역사를 자랑한다. 언덕에서 속도는 시속 113km로 굴러 내려가는 더블 글로스터 치즈 한 덩이를 참가자들이 뒤쫓아서 가장 먼저 아래쪽에 다다르는 사람이 치즈를 갖게 된다.

'잭 인 더 그린'은 우유 짜는 여성과 굴뚝 청소부 간의 경기로 1600년대에 시작되었다. 이 행사의 이름인 '잭'은 나뭇잎으로 온몸을 가리고 머리에 화관을 쓴 남성을 지칭한다. 매년 5월이면 이스트서식스의 헤이스팅스 거리에서 진행되는 행진의 선두에 이 남성이 선다. 행진에는 라이브 밴드, 드러머, 댄서들이 함께한다.

웨일스에서 열리는 세계 늪지 스노클링 챔피언십도 브리튼의 특이한 면모를 보여 주는 행사다. 매년 8월에 참가자들은 스노클과 오리발을 신고 물이 찬 이탄 늪지를 헤엄친다.

스코틀랜드와 아일랜드의 케일리(cèilidhean라고도 함)와 잉글랜드의 시골 또는 농가의 댄스 파티는 지역 공동체 행사다. 대개 스텝을 외치는 사람이 먼저 안내한 다음 춤과 밴드가 시작되고, 남녀노소 모두가 원이나 두 명이 짝지어 열을 만드는 등 복잡한 패턴을 형성한다. 스코틀랜드의 '게이 고든스'가 대표적이다.

춤과 마찬가지로 민속 공예도 브리튼의 무형 문화유산을 잘 보여 준다. 노령화되는 장인들과 전수하려는 사람의 감소, 대량 생산 등이 브리튼의 민속 공예 전통을 위협하고 있지만, 헤리티지 크래프트에서 등받이를 짚으로 엮은 페어 아일 의자, 서식스 바구니(버드나무로 만든 정원용 바구니) 등 사라질 위기에 처한 민속 공예를 발굴해 지원하고 있다. 짚으로 만든 인형,

콘월식 울타리, 셰틀랜드 레이스 뜨개질도 모두 사라질 위기다. 돌담 축조, 해리스 트위드 직조, 하이랜드 파이프 제작 기술은 전수할 장인이 많아서 아직 괜찮은 상태다. 더비셔 공예 박물관처럼 전국 곳곳에 공예 센터가 있으며, 여기서 장인들이 자신의 기술을 선보이고 목재 가공부터 도예·백랍 작업물 등 제품을 판매한다.

## 차

지금은 차가 브리튼에서 빼놓을 수 없는 문화이지만, 차는 1650년대 네덜란드 교역상을 통해 처음으로 소개되었고, 왕실과 귀족 사이에서 유행했다. 1664년에 동인도회사가 상류층을 위한 차를 수입하기 시작했고, 1783년에 차에 매겨진 세금이 대폭 낮아지면서 대중의 차 소비도 폭발적으로 늘었다.

그런데 '티'$^{tea}$라는 말이 혼란을 줄 수 있다. 우유, 설탕 또는 레몬을 곁들이거나 곁들이지 않고 마시는 단순한 차 한 잔을 의미할 수도 있고, 비스킷과 함께 진하게 마시는 '빌더스 티'$^{builder's\ tea}$를 말할 수도 있기 때문이다.

케이크와 샌드위치를 곁들인 잉글랜드의 차

　또한 '티'는 오후 4시에 가볍게 먹는 식사를 가리킬 수도 있
다. 이는 1840년에 점심과 저녁 사이에 출출함을 느꼈던 애나
제7대 베드퍼드 공작 부인이 처음으로 고안했다. 공작 부인은
자신의 화실에서 친구들과 함께 간식으로 빵과 버터, 케이크,
차를 즐기던 것이 빅토리아 시대와 에드워드 시대의 상류층
에게 퍼지게 된 것이다. 오늘날 많은 호텔에서 식빵의 흰 부분
으로만 만든 샌드위치, 따뜻하게 데운 스콘과 잼, 클로티드 크
림, 한입 크기의 페이스트리를 여러 단의 정교한 도자기 접시
위에 담아 낮은 테이블에 올려 두고 차와 샴페인을 같이 즐길
수 있도록 하고 있다.

'하이 티'high tea 또는 잉글랜드 북부에서 그냥 '티'라고 하면 학교 수업이나 일이 끝나고 오후 6시쯤에 높은 테이블에 음식을 차리고 가족들이 먹는 이른 식사를 의미한다.

'크림 티'cream tea는 애프터눈 티의 맛있는 변형이다. 스콘과 잼, 클로티드 크림으로 구성하며 서부 지역(데번, 콘월)의 명물이다.

## 펍 문화

퍼블릭 하우스의 줄임말인 펍은 과거에도 그랬지만 지금도 여전히 브리튼의 사회적 삶의 핵심이다. 브리튼에서 가장 오래된 펍인 하트퍼드셔의 '예 올데 파이팅 콕스'는 793년에 문을 열었고, 런던의 '더 타바드'는 600년 전에 초서의 『캔터베리 이야기』에도 언급되었다. 산업혁명은 술로 '기름칠'되었다. 술이 없었다면 런던과 리버풀의 철도와 항구 건설 등 대형 국가사업이 제대로 진행되지 못했을 것이다. 오늘날에도 사교를 위한 음주는 여전히 브리튼식 삶의 구성 요소다. 안타깝게도 젊은 성인들의 과도한 음주로 인해 경찰과 보건당국의 과제가 늘고 있다.

런던의 처칠 암스 펍

　'퀸스 암스' 또는 '더 쉽 인' 등의 펍 이름은 그 펍의 고유한 역사를 반영한다. 보통 펍의 이름은 정문 옆에서 흔들거리는 간판에 쓰여 있다. 전통적인 컨트리 펍에는 판석으로 된 바닥, 기둥이 있는 천장, 짚으로 엮은 지붕, 목재 바, 난롯가 등이 있다. 그리고 대개는 잔디밭이나 뜰에 피크닉용 벤치를 놓은 비어 가든도 있다. 스누커와 다트를 쉽게 찾아볼 수 있고, 실시간 스포츠 중계를 보여 주는 TV도 많다. 1980년대 중반부터는 동전을 넣고 즐길 수 있는 게임기도 생겼다. 경품이 걸린 펍 퀴즈대회도 인기가 높다.

맥주, 에일, 사이다는 늘 인기가 많으며, 캠페인 포 리얼 에일[CAMRA]은 1971년부터 소규모 독립 양조장을 지원하고 있다.

진은 중세 시대에 브리튼으로 유입되었다. 1700년대에 진 열풍이 불면서 1751년 진 법의 제정으로 진의 소비를 제한할 때까지 사회 문제가 급증했고, '어머니의 재앙'[Mother's ruin]이라고까지 불렸다. 2008년에 EU 규정이 완화되면서 수제 증류소 붐이 일었고, 현재의 '진네상스'로 이어졌다. 진을 기반으로 하는 핌즈가 1840년에 처음 나왔는데, 레몬에이드, 딸기, 오이, 민트, 기타 과일을 혼합한 핌즈 넘버원 컵은 여름에 많이 마시는 음료다.

샴페인, 프로세코, 까바와 마찬가지로 잉글랜드와 웨일스산 고품질 스파클링 와인은 보호받고 있으며, 인기도 날로 높아지고 있다. 2023년 기준 브리튼에 있는 포도밭은 943개, 와이너리는 209개로 집계되었다. 이 중 일부는 떼땅져 등 프랑스 샴페인 제조업체 소유다. 펍보다는 와인바가 구대륙과 신대륙의 와인을 다양하게 보유하고 있다.

일행의 술값을 돌아가면서 내는 좋은 펍 에티켓을 '통 크게 쏘기'[buying rounds]라고 한다. 여기에 술자리 게임과 법적 음주 가능 연령이 18세 이상이라는 점이 더해지면서, 브리튼 사람들은 과음으로 유명해졌다. 그렇지만 음주 운전에 관한 법은 굉장히 엄격해서 금기로 여겨진다.

그럼에도 펍 산업은 하락세에 있다. 2007년에 실내 공공장소에서의 흡연이 전면 금지되었고, 브렉시트 이후 EU 직원들의 출국, 코로나19 영향, 에너지 비용 상승, 웰니스<sup>Wellness</sup> 트렌드의 성장 등으로 인해 2000년에 6만 800개에 달했던 영국의 펍 수는 2021년에 4만 5800개로 줄어들었다.

전통적인 펍에서는 파이, 스캠피, 칩, 그리고 치즈, 빵, 양파 피클, 셀러리, 삶은 달걀을 내는 플라우먼스 런치 등 저렴하게 음식을 먹을 수 있다. 1990년대 이후로 많은 펍이 레스토랑 수준의 음식을 제공하면서 '미식 펍'으로 재탄생했다.

# 05

## 친구 사귀기

서먹한 분위기를 풀거나 관계를 쌓기 위해 가벼운 대화의 기술을 갈고닦는 것이 중요하다. 예의바르게 행동한다는 것은 결국 다른 사람의 감정을 늘 배려하는 것이다. 공공장소에서 음악을 너무 크게 틀지 않는다거나 다른 사람을 위해 문을 열어주거나 싫더라도 동료와 함께 사교 행사에 참석하는 것 등이 해당할 수 있다.

# 우정

외국인이 보기에 브리튼 사람들, 특히 도시 사람들이 냉정하고 심지어는 무례하다는 오랜 인식은 사실 근거가 없다. 외국인이 브리튼 사람들과 친구가 되는 일이 항상 어려운 것은 아니며, 한 번 우정이 형성되면 이를 끝까지 귀중하게 여긴다.

다른 곳과 마찬가지로 지역 펍이나 예배 장소 등에서 같은 사람을 여러 번 보게 되면 우정이 쌓인다. 친구의 친구라면 아예 모르는 사람보다는 장벽이 낮을 수 있다.

그렇지만 주의할 점이 하나 있다. 오늘날 직장 상사나 고객까지 일상의 거의 모든 분야에서 이름으로만 부르는 경우가 많다. 이는 이름만 부름으로써 모두가 편하게 느끼게 하기 위한 것이다. 그러나 이것이 곧 우정이라거나 일 외적으로도 함께 시간을 더 보내고 싶다는 표현은 아닐 수 있으니 주의해야 한다.

# 예의범절

이러한 새로운 격식 파괴가 언제나 적용되는 것은 아니다. 상점, 군대, 호화 호텔에서는 여전히 '서'[Sir], '마담'[Madam]이라는 용어를 사용한다.

일상에서 브리튼 사람들은 시간을 잘 지키고, 줄을 서고 ('queueing'이라고 함), '부탁합니다', '감사합니다', '실례합니다', '미안합니다'(자기 잘못이 아닐 때도)라는 말을 달고 산다. 다만, 런던 지하철에서는 이 반대의 경우도 있다.

서먹한 분위기를 풀거나 관계를 쌓기 위해 가벼운 대화의 기술을 갈고닦는 것이 중요하다. 예의바르게 행동한다는 것은 결국 다른 사람의 감정을 늘 배려하는 것이다. 공공장소에서 음악을 너무 크게 틀지 않는다거나 다른 사람을 위해 문을 열어주거나 싫더라도 동료와 함께 사교 행사에 참석하는 것 등이 해당할 수 있다.

에티켓도 시간이 지남에 따라 발전한다. 오늘날에는 다른 사람과 함께 있을 때 휴대전화를 확인하거나 전화를 받는 일은 하지 않는 것이 좋다. 그리고 친구 사이에 갑자기 소통을 중단한다거나 이유도 없이 데이트 약속을 지키지 않는 등 상대방을 '바람맞히는' 행위(고스팅)는 언제나 무례한 일이다. 나의 사회적 관계를 다 알지 못하는 사람을 온라인에서 만날 수 있게 되면서 고스팅이 더 쉬워지고 더 많아졌다.

## 인사와 대화 주제

일반적으로 편하게 인사할 때는 "Hi", "Hey", "Y'aright?" 등의 표현을 많이 쓴다. "Hello"는 모든 상황에 쓸 수 있으며, "Good morning/afternoon/evening"은 조금 더 격식 있는 표현이다. "How are you?"라는 표현도 가족, 동료, 친구, 지인 사이에 자주 쓰는 인사이고, 대답하는 사람이 실제로는 괜찮지 않더라도 보통 "Fine, thank you, how are you?"라고 대답한다. "How do you do?"라는 표현은 처음 소개받았을 때 건네는 더 정중한 인사다. 이때 대답도 똑같이 "How do you do"라고 한다.

　비즈니스나 지인 또는 모르는 사람을 만났을 때 오른손으로 굳게 악수하는 것도 일상이다. 가볍게 악수하는 것은 가식적이거나 건성이라고 여겨진다.

　동료와 파트너가 함께 하는 저녁 파티 같은 사교 행사에서 남성과 여성은 볼 키스를 나누거나 볼 가까이에서 '음' 소리를 낸다. 대체로 한 번만 하고, 양쪽 볼에 키스하는 사람도 있는데, 이 경우 약간 어색해질 수 있다. 요즘 젊은 사람들 사이에서는 만나거나 헤어질 때 인사로 포옹하는 일도 많다.

대화 주제의 경우 날씨가 가장 무난하다. 상황에 따라 여행이 어땠는지, 차나 물을 마시겠는지 물어볼 수도 있다. 처음 만나는 경우에는 정치, 종교, 돈, 성과 같이 논란이 되는 주제는 피하는 것이 좋다. 그리고 나이, 몸무게, 애정 관계, 자녀를 원하는지 등에 관해서도 묻지 않는 것이 좋다. 이러한 주제는 상대방의 마음을 상하게 할 수 있으며, 감정을 겉으로 보이는 것은 부적절하다고 본다. 이제 막 만난 사람과 대화를 마무리할 때는 "Nice to meet you"라고 정중하게 말하면 된다.


## 친밀감의 표현

브리튼에 방문하는 사람이라면 비교적 친밀한 단어로 불리게 되어 놀랄 때가 종종 있다. 잉글랜드 남부에서는 버스나 가게에서 "love", "lovey", "dear", "darling", "pet", "petal" 등으로 불릴 수 있다. 그리고 데번에서는 운이 좋으면 "my lover"라는 말을 들을 수 있다.

북부로 가면 "chuck"(리버풀과 북서부), "duck"(셰필드와 북서부), "hen"(스코틀랜드) 등 사뭇 다른 표현을 쓴다.

시장에서 상인이 사과의 무게를 달아주면서 "1킬로가 조금 넘네. 달링, 괜찮지?"라고 말할 수 있다. 이러한 표현은 친밀감을 나타내는 오래된 표현으로, 상대방을 화나게 하려는 의도는 아니다. 그렇지만 일부 여성들은 깔보거나 모욕적이라고 받아들일 수 있다.

## 새로운 사람을 만날 때

나와 공통점이 있는 사람을 찾는 가장 좋은 방법은 매주 하는 요리 교실이나 외국어 교실처럼 정기적으로 사람을 만날 수 있는 활동을 하는 것이다. 헌신적인 모습을 보일 수 있는 팀 스포츠, 합창단, 아마추어 극단, 자원봉사 같은 활동을 하면 조금 더 빠르게, 더 깊은 유대 관계를 맺을 수 있다. 여러분이 참석하기를 기대하고, 나오지 않으면 서운해 할 것이기 때문이다.

　사람을 만날 때는 상식선에서 행동하면 된다. 미소를 짓고, 상대방에게 관심을 보이고, 질문과 답변을 주고받으며 말하는 만큼 경청하도록 하고, 사람들이 좋아하는 행동을 하는 것이다. 어느 정도는 참을 줄도 알아야 할 것이다. 그리고 아무리 내가 꾸준히 노력을 기울여도 상대방이 화답하지 않는다면, 그냥 포기하면 된다.

　헬스장에서도 서킷 트레이닝 같은 그룹 수업에서 알게 된 사이가 아닌 이상에야 서로 대화하는 일은 거의 없다.


## **집으로의** 초대

누군가의 집으로 저녁 식사 초대를 받는다면 정시에 도착하도록 하고, 늦더라도 5~10분을 넘기면 안 된다. 집주인이 준비가 다 되지 않았을 수 있으니 약속 시간보다 일찍 도착하지는 말자. 그리고 너무 늦게 도착하면 음식이 다 식은 채로 나올 수 있으니 주의하는 것이 좋다.

　복장은 편안하되 스마트한 캐주얼이면 좋다. 집주인이 신발을 벗고 있다면, 신발을 벗는다. 집주인이 신발을 신고 있다면 정중하게 신발을 벗어야 하는지 물어보는 편이 좋다. 슬리퍼를 줄 수도 있으니 말이다.

집에 방문할 때 선물로 꽃, 초콜릿, 또는 집주인이 술을 마신다면 와인을 가져가는 것이 보통이다. 선물이 비쌀 필요는 없지만, 매력적이고 질이 좋아야 한다. 집주인이 와인을 받더라도 여러분 앞에서 마개를 따지 않을 수 있지만, 선물에 감사하는 마음은 변치 않을 것이다. 며칠 머물거나 해외에서 오는 방문객이라면 집주인의 부모를 위한 선물이나 아이들을 위해 고향 또는 출신 지역에서 많이 하는 작은 선물을 준비하는 것도 좋다.

그리고 식탁을 차리는 데 도움이 필요한지 집주인에게 물어보는 것도 좋은 매너다. 또한 앉을 자리를 안내해 주거나 음식을 가져다 주거나 더 먹겠는지 물어봐 주기를 기다리는 것이 예의다. 식사 후 테이블 정리나 식기세척기에 그릇을 넣는 일을 돕겠다고 하면 집주인은 매우 고마워하겠지만 대부분은 도와주지 않아도 된다고 할 것이다.

이렇게 초대를 받은 후에는 문자, SNS, 전화 등으로 곧바로 감사 인사를 해야 한다. 짧은 편지를 보내기도 하는데, 이는 훨씬 정중한 방식이다. 다음에 이 호의에 대한 보답을 하겠다고 이야기하는 것도 좋다.

## 【 대화 예절 】

앞서 이야기했지만, 상대방이 어떤 사람인지 잘 모르겠다면 불쾌하게 하거나 당황하게 할 수 있는 주제는 피하자. 전통적으로 금기시되는 주제는 정치, 성, 종교 등이다. 반감을 사거나 불쾌하게 만들거나 식사 자리 또는 펍의 분위기를 망칠 수 있기 때문이다. 그래도 오늘날에는 이러한 이야기를 할 수 있는 여지가 있다. 돈에 관한 이야기도 지인이나 동료들 사이에서는 하지 않는다. 이들 대다수가 자기 연봉에 관한 이야기는 하지 않을 것이다. 친한 친구, 가족, 삶의 동반자조차도 서로의 연봉·투자·저축에 관해서는 대화하지 않는다.

부유하다는 것을 보여 준다고 사람들이 인상 깊게 여기지 않을뿐더러 오히려 잘난 체한다고 생각할 것이다. 그렇지만 슈퍼마켓에서 좋은 와인을 반값에 사는 것처럼 소소하게 절약한 이야기를 하는 것은 괜찮다.

## **식사** 예절

식사할 때 오른손으로 칼을, 왼손으로 포크를 쓰고, 날카로운 끝부분이 아래를 향하도록 한다. 음식을 씹거나 말할 때는 칼과 포크를 접시에 내려놓고, 식사를 다 했으면 6시 30분 위치로 칼과 포크를 나란히 놓아둔다. 먹을 때 처음에 음식을 모두 잘라놓고 포크로만 먹는 사람도 있는데, 전통을 고수하는 사람들은 이를 보고 눈살을 찌푸릴 것이다. 스파게티를 먹을 때는 포크, 그리고 가능하면 숟가락을 쓴다. 트림하거나 입을 열고 음식을 씹거나 입안에 음식이 가득한 채로 말하지 않도록 한다. 그리고 손님으로 초대받은 경우라면 음식을 너무 많이 남기지 않도록 한다.


## **데이팅**

이성애자 간의 관계에서 이전에는 남성이 여성에게 구애하고 데이트를 계획하며 비용을 계산하는 일을 당연하다고 여겼지만, 요즘은 커플마다 다르다. 여성이 먼저 관심을 표하는 것도 충분히 용인되고, 이러한 경향은 데이팅 앱인 범블 덕분에 더 강화되고 있다. 전통적인 이성애자 커플이라면 남성이 첫 데이트 장소를 정하는 것을 선호할 수 있지만, 대부분은 함께 결정한다. 그리고 안전을 위해 이동 시에 대중교통을 이용하고, 이른 시간에 공공장소에서 만나고, 약을 타지 못하도록 음료를 주시하도록 한다. 런던과 링컨셔에 있는 일부 바와 클럽에서는 여성이 데이트 중에 불편함을 느낄 경우 "안젤라를 찾는다"$^{Ask\ for\ Angela}$고 하면 직원이 도와준다.

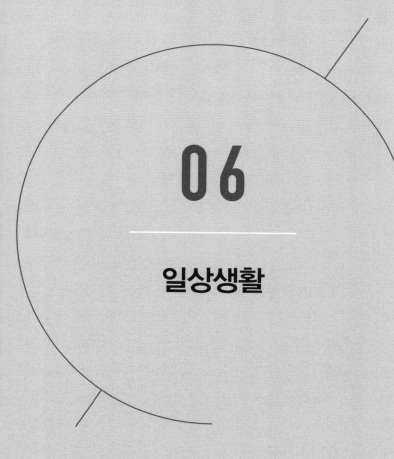

# 06

## 일상생활

브리튼 사람 대부분이 정규직으로 주당 36시간 일한다. 점심 휴식 시간은 보통 1시간이다. 전에는 집에서 싸 온 도시락을 먹는 것이 보통이었는데, 요즘 에는 슈퍼마켓, 식당, 노점상 등에서 점심을 사서 먹는다.

# 주거

오늘날 브리튼에 있는 주택은 매우 다양한 건축 양식을 반영한다. 1400년대 중반에서 1500년대 중반에 지어진 튜더 시대 주택의 특징은 초가지붕과 노출된 목재 뼈대다. 이러한 주택은 소규모 마을이나 관광지로 보존된 지역에서 많이 볼 수 있다.

1600년대에는 네덜란드 황금기가 스튜어트 시대 건축 양식에 영향을 미쳤기 때문에 지붕에 창문을 낸 건물이 많았다. 또한 돌과 벽돌을 더 많이 쓰고, 이층집을 더 많이 지었다.

1700년대 조지 왕조 시대의 신고전주의 주택은 고대 그리스의 영향을 많이 받았다. 따라서 대칭 구조와 기둥이 있는 크림색 또는 흰색 파사드(건물 입구)가 특징이다.

1830년대와 1900년대 사이의 빅토리아 시대에는 고딕 리바이벌 양식이 유행해 뾰족한 아치, 화려하게 장식된 붉은 벽돌의 외관이 많았고, 노동자 계층은 테라스가 있고 옆집과 다닥다닥 붙은 주택 또는 특별히 조성된 공동주택에 살았다.

1920년대가 되면서 이집트에서 고고학적으로 새로운 발견이 이루어지면서 환풍기, 기하학적 문양 등 이집트 모티브 열풍이 일었고, 평평한 지붕과 둥근 창 등과 함께 아르데코 시대를 대표하는 특징이 되었다.

1930년대 전후 건설 호황기에 교외에서는 침실이 3개이고 자갈 섞은 시멘트 소재의 외관과 라운드창을 갖춘 반 독립 주택이 폭발적으로 늘었다.

제2차 세계대전 후에 정부에서는 저렴한 임대 아파트(임대 주택) 지구를 건설했다. 1950년대에 임대 주택 지구의 건설은 특히 런던 외곽의 신도시에서 정점에 달했다. 1960년대와 1970년대에도 고층 아파트와 오픈 플랜식 테라스 형태의 사회

런던 노팅힐에 있는 빅토리아 시대 주택, 스투코 공법을 적용하고 테라스를 갖추었다.

적 주택이 많이 건설되었다. 중앙난방 방식이 널리 퍼지면서 굴뚝은 사라져갔다.

1990년대가 되자 가짜 통나무 뼈대 등 전통적인 요소를 살리면서도 현대적인 건축이 인기를 끌었지만, 이러한 스타일은 21세기에 더 이상 사용하지 않

는다. 오늘날 오픈 플랜식 주택이나 아파트는 철강, 유리벽이나 큰 창, 태양광 패널 등을 갖추고 있다. 방의 규모는 이전보다 훨씬 작고 천장도 훨씬 낮다.

'잉글랜드 사람의 집은 곧 그 사람의 성이다'라는 믿음은 1960년대에 많은 사람이 주택을 임대하기보다는 소유하도록 만들었다. 마거릿 대처 총리는 임대 주택 거주자에게 할인된 가격에 거주하는 주택을 살 권리를 주는 주택법을 1980년에 도입하며 주택 소유를 장려했다. 그러나 대부분 브리튼 사람은 여전히 주택담보대출을 받아 즉시 집을 사고 싶어 하지만, 공급이 부족하고 주택가격도 치솟고 있어 그러한 꿈을 이루는 일이 점점 요원해지고 있다.

이스트런던 혹스톤에 있는 뮤지엄 오브 더 홈(구 제프리 박물관)에서는 1600년부터 현대에 이르는 브리튼의 주거 생활을 볼 수 있다.


## 가족
### 【 결혼 】
브리튼에서 이혼율이 치솟고 혼인율은 급락하며 결혼을 하려는 사람도 결혼하기까지 훨씬 더 시간이 오래 걸리는 등 사회적으로 큰 변화가 일고 있다.

2019년에 잉글랜드와 웨일스에서 이성애자 남성과 여성의 혼인율은 1991년에 비해 절반 정도 낮아졌다. 같은 해에 이성 간의 시민 동반자 관계가 허용되었다. 스코틀랜드에서도 혼인율이 최고로 높았던 1940년 이후로 꾸준히 감소하고 있다.

2004년 도입된 시민동반자법으로 동성 간의 관계도 법적으로 인정되었고, 2013년 (동성 커플) 혼인법으로 동성 간의 결혼도 허용되었다. 영국 내 시민 동반자 관계는 2005년 이래로 수치가 오르락내리락하고 있지만, 2020년에 12년 만에 최고치를 기록했다. 평균 혼인 연령을 살펴보면 이성애자 남성은 35세, 이성애자 여성은 33세, 게이 남성은 38세, 레즈비언 여성은 35세였다.

잉글랜드와 웨일스에서 결혼한 적이 없거나 시민 동반자 관계를 한 번도 맺은 적이 없는 성인의 비중도 1991년 26%에서 2021년 38%로 계속해서 증가하고 있다. 같은 기간 이혼율도 6%에서 9%로 증가했다. 점점 더 많은 사람이 혼자 살고 있는 것으로 나타나고 있으며, 종교적 결혼식을 치르는 커플의 비중은(15%) 줄어드는 반면, 혼인 신고 예식의 비중이 늘고 있다.

## 【아동】

2021년 기준 잉글랜드와 웨일스 여성의 평균 출산율은 1.61명으로, 2012년 이래로 처음으로 출산율이 증가했다. 그러나 많은 여성이 아이를 늦게 낳는 편인데, 이는 생활비 위기가 영향을 미쳤을 가능성이 높다. 정규직이든 비정규직이든 부부가 함께 맞벌이하고, 조부모가 근처에 살지 않는 경우가 많아지면서 부모가 온전히 양육을 책임지게 되었고, 2세 미만 유아를 어린이집에 전일 맡기는 비용은 2023년 기준 평균 1만 4836파운드로 급격히 높아졌기 때문이다.

일부 부모는 아이가 자라면 용돈을 주어 돈의 가치와 옷, 운동화, 기기, 과자, 화장품 등 자기가 원하는 물건을 사기 위해 저축하는 법을 배우도록 한다.

많은 아동이 스마트폰이나 태블릿 또는 게임기를 소지하고 있으며, 인터넷과 SNS 사용으로 아이들의 삶이 크게 변했다. 청소년들은 숙제하려고 인터넷을 쓰는 것 외에도 하루에 많은 시간을 게임, 동영상 시청, 친구에게 메시지 보내기, 심지어는 포르노 시청 등으로 보낸다. 무분별한 인터넷 사용으로 편협함, 온라인 괴롭힘, 부정적인 개인 지각, 원치 않는 성적 메시지, 낯선 사람과 온라인으로 채팅하고 오프라인에서 만나는 일 등 많은 문제가 발생하고 있다.

그러나 인터넷과 SNS의 출현과 함께 기존 매체가 발달하고 교육 전문가들도 이 분야에 대해 더 잘 알게 되면서 오늘날 브리튼 아동들은 부모 세대가 그랬던 것보다 훨씬 더 많은 정보를 알고 참여도도 높다. 시사 주제에 관해 생각해 보고 의견을 수립하며 자기 생각을 말할 수 있는 분위기가 조성되어 있고, 이전 세대보다 더 명확하게 표현하는 편이다. 2018년에 기후변화에 반대해 학교에 출석하지 않았던 스웨덴 청소년 그레타 툰베리나 2020년에 반성폭력 운동인 에브리원스 인바이티드를 만든 소마 사라 같은 젊은이들의 영향력이 커지는 것을 보면 알 수 있다.

16세가 되면 법에 따라 혼자 펍에 가서 알코올이 들어가지 않은 음료를 시키거나, 성관계를 맺거나 부모의 허락을 받아 결혼할 수 있다. 17세가 되면 운전면허를 취득할 수 있고, 18세가 되면 투표권이 생기며, 주류, 전자담배나 일반 담배를 살 수 있고, 군에 입대할 수 있다.

오늘날 부모가 모두 일하고 아이들은 방과 후 활동을 하기 때문에 가족이 다 같이 둘러 앉아 밥을 먹는 경우는 많지 않다. 대체로 전자레인지로 간편하게 데워 먹을 수 있는 음식이

나 포장 음식 등을 소파에서 TV를 보거나 전자기기를 들여다
보면서 저녁을 먹는 경우가 많다.


## 반려동물

많은 브리튼 사람들이 반려동물을 가족으로 여긴다. 개가 스
파에서 호사를 누리거나 고양이가 주인의 침대에서 자고 있
을 수 있다. 신문에서는 홍수나 집에 불이 났을 때 목숨을 걸
고 반려동물을 구한 이야기를 심심치 않게 볼 수 있다. 수의사
자선 단체인 PDSA에 따르면 2023년 기준 영국 성인의 53%
가 반려동물을 기르고 있는 것으로 나타났다. 이 중에서 29%
는 개(1100만 마리), 약 24%는 고양이를 기르고 있으며, 고양이
를 기르는 사람 10명 중 4명은 두 마리 이상을 기르는 것으로
조사되었다. 약 2% 정도는 토끼(110만 마리)를 기른다고 한다.
    그렇지만 많은 사람이 반려동물, 특히 개를 돌보는 데 필요
한 시간과 돈, 에너지를 과소평가한다. 왕립동물학대방지협회
등의 자선 단체에서는 매년 "개는 크리스마스만이 아니라 평
생을 위한 선물입니다"와 같은 크리스마스 메시지를 통해 사

람들이 반려동물을 선물로 사지 말라고 조언한다. 그럼에도 버려진 수천 마리의 개가 길거리를 떠돌거나 런던의 배터시 도그 홈 같은 임시 보호소에 머물고 있다.

'동물권' 운동은 정부 정책에도 큰 영향을 미치고 있다. 대표적인 사례가 바로 화장품 산업의 동물 실험 금지다. 그렇지만 인류의 안녕을 위해 일부 과학 연구에서는 매우 엄격한 규제에 따라 동물 실험이 허용되고 있다.

브리튼 정부가 2000년에 시작한 반려동물 여행 정책에 따라 마이크로칩을 삽입한 고양이, 개, 페렛은 반려동물 여권 또는 광견병 예방 접종 사실을 증명하는 건강 증명서가 있으면 브리튼에서 대부분 유럽 국가를 오갈 수 있다.

개의 경우 방문하는 국가에 따라 촌충 치료가 필요할 수 있다. 다른 EU 국가에서 반려동물로 설치류, 토끼, 무척추동물, 양서류, 파충류를 들여오는 것을 제한하지는 않지만, 조류는 건강 증명서가 필요하다. EU 이외의 지역에서 브리튼으로 들여오는 반려동물의 경우 다른 규제와 검역 요건이 적용된다.

## 교육

부모나 보호자가 일을 하는 영아와 어린 아동은 브리튼에 있는 1만 4000개의 어린이집, 유아원, 유치원, 아동 센터 등에 다닐 수 있으며, 대부분은 돈을 내야 한다.

홈스쿨도 가능하지만, 하는 사람은 거의 없다. 홈스쿨 시 보호자는 정해진 과목과 표준이 적용되는 국가 교육과정을 따를 필요가 없다. 대부분 아동이 정부 재정 지원을 받고 각

소풍을 가는 초등학생들

지역 교육 당국(잉글랜드: Ofsted, 웨일스: Estyn, 스코틀랜드: Education Scotland)의 감사와 규제를 따르는 공립학교에 다닌다. 아카데미와 자립형 학교는 신탁에서 운영하며, 국가 재정 재원을 받고 무상으로 교육을 하지만, 국가 교육과정을 따르지 않아도 된다.

5~16세의 아동은 공립학교에서 무상으로 교육받는다. 5~11세는 초등학교primary, 11~16세는 중고등학교secondary에 다닌다. 잉글랜드, 웨일스, 스코틀랜드 학교는 각자 해당 국가의 교육과정을 따른다. 16세가 되면 잉글랜드와 웨일스에서는 일반 중등교육 학력 인정 시험GCSEs을, 스코틀랜드에서는 스코틀랜드 학력 인증 시험을 치른다. 브리튼 교육 체계에서는 암기 위주의 교육보다는 질문과 토론을 장려한다.

16~18세의 학생은 대학 입시 준비 과정sixth form 또는 칼리지에서 교육을 받거나 견습생으로 일하거나, 봉사 활동, 훈련, 공부를 병행하며 진로를 탐색한다. 대부분 학생은 18세에 대입 시험(잉글랜드와 웨일스: A-Level, 스코틀랜드: Scottish Highers)을 본다.

대학교의 학부 과정은 보통 3년 정도이지만 학비를 내야 한다. 학사년도 2023~2024년에 해당하는 학비는 약 9000파운드인데, 스코틀랜드 학생은 스코틀랜드에서 무상으로 대학 교

케임브리지 대학 졸업생들

육을 받을 수 있다. 영국 국민으로서 다른 일을 하지 않는 대학생이라면 학자금 대출을 받을 수 있으며, 졸업 후 일을 시작하면 상환해야 한다. 대학원생도 석사 과정 또는 박사 과정 학자금 대출을 신청할 수 있다. 브리튼에서 수학하는 외국인 유학생의 수를 보면 브리튼의 교육 체계는 전 세계적으로도 명성이 높은 것을 알 수 있다.

## 의료보험

제2차 세계대전 이후에 만들어진 국민보건서비스<sup>NHS</sup>는 높은 평가를 받고 있기 때문에 정치적 성역으로 여겨진다. NHS 의사(일반의, GP라고 함)를 주치의로 등록하는 것은 무료다. NHS 처방도 많은 경우(16세 미만, 16~18세의 학생, 60세 이상, 임산부, 소득 지원 대상자, 당뇨나 간질 등 기저질환자 등)에 무료다.

생명을 위협하는 부상이나 증상이 있을 경우 구급차를 통해 지역 병원의 응급실로 이송된다. 정부가 설정한 목표에 따르면 가장 심각한 상황에서 구급차의 대응 시간은 7분 이내여야 한다. 그렇지만 2021년 팬데믹 이후 이 목표를 달성하지 못하고 있다는 우려가 제기되고 있다.

18세 미만 아동, 19세 미만 학생, 임산부, 소득 지원 대상자 등 일부 경우에는 NHS 치과 치료가 무료다. 그러나 NHS 치과의사를 제때 예약하기 어려워서 점차 심각한 문제다. 2023년에 영국 전역의 2104명을 대상으로 한 YouGov 설문조사 결과, 새로운 환자를 받는 NHS 치과의사를 찾을 수가 없어서 등록을 포기한 사람이 브리튼 인구 5명 중 1명인 것으로 집계되었다. 그 결과 자가 치과 치료를 시도한 사람은 10명 중 1명이라고 한다.

대기 시간이 길어지는 문제는 브리튼 사람들이 의료 관광에 나서게 만든 원인이기도 하다. 통계청에 따르면 2019년에 의료 목적으로 출국한 영국 국민의 수는 약 24만 8000명으로, 2015년의 두 배다.

## 흡연

2007년부터 모든 실내 공공장소에서 흡연이 금지되었다. 그래서 사무실 근로자가 건물 밖 인도에서 담배를 피우는 모습을 종종 볼 수 있다. 펍 주인들은 실내 흡연 금지 정책이 도입되자 사업에 부정적인 영향을 미칠까 봐 우려했지만, 대부분은 야외 공간을 개선하거나 음식 판매를 늘림으로써 문제를 해결했다. 18세 이상 성인 흡연자의 수도 급격하게 감소했다. 2021년 기준 성인 인구의 13.3%(660만 명)가 흡연자로 조사되었는데, 이는 2011년에 통계 기록이 시작된 이래로 최저치다. 남성, 그중에서도 특히 학력 인정 사항이 없는 젊은 남성이 흡연자인 경우가 많다. 정부의 전방위적인 흡연 반대 캠페인에도

16세 이상 인구의 약 7.7%(400만 명)가 전자담배를 피우는 것으로 조사되었다.

## 일과 여가

브리튼 사람 대부분이 정규직으로 주당 36시간 일한다. 그러나 업무 시간 외에 이메일을 확인하거나 업무 전화를 받는 일이 점점 많아지고 있다. 점심 휴식 시간은 보통 1시간이다. 전에는 집에서 싸 온 도시락을 먹는 것이 보통이었는데, 요즘에는 슈퍼마켓, 식당, 노점상 등에서 점심을 사서 먹는다.

업무 후에는 일주일에 한두 번 헬스장에 가서 운동하고 나머지 시간에는 스마트폰으로 인터넷을 하거나 TV를 보며 시간을 보내는 편이다. 그러나 2020년 이후로 아마존 프라임 비디오, 애플 TV, 디즈니+, 넷플릭스 등 주문형 스트리밍 서비스를 이용하는 사람이 많아지면서 지상파 TV 시청률이 낮아지고 있다. 이러한 스트리밍 서비스는 극장 이용 빈도에도 영향을 미쳤다.

주중에는 펍에서 친구들과 한잔하거나 동네 식당에서 저녁

런던 버러마켓 근처에서 퇴근 후 음주를 즐기는 사람들

을 먹기도 한다. 이탈리아, 중국, 영국, 인도, 멕시코 음식 순으로 인기가 높다.

주말에는 시골에 사는 경우 산책을 하거나 근교로 자전거를 타러 가고, 도시에 거주하면 레저 센터나 유원지에 가거나 축구 경기를 보러 간다. 강이나 호수에서 낚시하는 것을 취미로 즐기는 사람도 많다.

스타일리시한 식당가에서 외식하는 것이 유행하는 요즘에는 파머스 마켓과 거리의 푸드 마켓에도 많이 간다.

또한 많은 브리튼 사람들이 가벼운 달리기와 2004년 런던에서 시작되어 지금은 전 세계적인 인기를 끌고 있는 파크런을 즐긴다. 자원봉사자들이 진행하는 무료 파크런은 매주 토요일 오전 9시에 전국 공원에서 5km를 뛰는 것으로, 공동체성이 있는 활동이다. 달리기 비숙련자와 전문가 모두 거리 42km의 매우 힘든 런던 마라톤에 참여해 자신의 한계에 도전할 수도 있다. 특히 런던 마라톤은 매년 TV로 중계한다. 많은 참가자가 자선 활동을 위해 눈에 띄는 복장으로 나온다.

## 【 DIY와 정원 가꾸기 】

주말은 DIY$^{Do It Yourself}$와 정원 가꾸기를 좋아하는 사람들이 장인과 예술가라는 부캐로 변신해서 자기 집과 정원을 바꾸는 일을 시작하거나 계속하는 날이다. 이는 '잉글랜드 사람의 집은 곧 그 사람의 성이다'라는 개념의 연장선에 있으며, 개인의 정체성을 멋지게 보여 주고 만족감과 성취감을 얻을 수 있는 행위이기도 하다.

2021년 기준 영국의 주택 소유주 비중이 65%이고 독일은 50%라는 점을 감안하면 경제가 호황일 때 DIY 소매 부분도 항상 호황인 이유를 금방 이해할 수 있다. 전국적인 공구 체인점이 이 산업 부문을 주도하고 있으며, TV로 방영되는 주택 대변신 프로그램으로 더 활기를 띠고 있다.

전형적인 잉글랜드의 여가 활동인 정원 가꾸기는 남녀노소를 불문하고 일년내내 즐긴다. 정원 관련 제품에 들이는 연간 금액의 규모는 DIY 소비 규모보다 훨씬 크다. 정원 가꾸기에 관한 책, 잡지, 라디오와 TV 프로그램은 브리튼 문화의 중요한 요소다. BBC 라디오 4의 〈가드너스 퀘스천 타임〉이라는 프로그램은 1947년에 시작되어 이 분야 최장수 프로그램이다.

브리튼에는 방문객에게 개방된 대저택, 공원, 정원이 많다. 이와 유사하게 내셔널 가든 스킴에서도 간호와 양로 관련 자선 단체 기부금을 모으기 위해 특정일에 잉글랜드와 웨일스에 있는 수천 개의 정원을 대중에 개방한다.

# 돈

오늘날 대부분 브리튼 사람들은 생수 한 병을 사도 직불카드로 계산한다. 은행과 금융기업 협회인 UK 파이낸스에 따르면, 가장 보편화된 결제 방식인 직불카드 사용 비중은 2021년 기준 전체 결제 건수의 48%를 차지한다. 현금은 두 번째로 많이 사용하는 결제 방식이지만, 2011년부터 비중이 줄고 있다.

비접촉식 결제도 늘어나면서 2021년에 영국 내 전체 결제 건수의 약 3분의 1이 비접촉식 카드, 휴대전화, 스마트워치를 사용한 결제였는데, 이는 2020년 대비 36% 증가한 것이었다. 이렇게 비접촉식 결제가 늘어난 배경에는 2021년 비접촉식 결제 금액 상한 증가(100파운드), 코로나19 팬데믹 기간 사회적 거리 두기 시행, 비접촉식 결제가 가능한 소규모 사업장의 증가가 있다. UK 파이낸스는 2031년이 되면 영국 내 전체 결제 건수에서 현금 결제가 차지하는 비중이 단 6%밖에 되지 않으리라고 전망했다.

그러나 이러한 '현금을 쓰지 않는 사회'가 관광객, 노인, 장애인, 은행 계좌가 없는 사람, 현금으로 예산을 짜기가 더 쉬운 저소득층에 대한 차별이 될 수 있어 우려하고 있다.


## **일상** 쇼핑

도시에 사는 사람 대부분이 리들, 알디, 아이슬란드, 아스다 등 저가 슈퍼마켓에서 식료품을 구매한다. 정육점, 생선 가게, 빵집, 과일·채소 시장에서도 합리적인 가격에 구매할 수 있다.

중간급 슈퍼마켓에는 테스코, 모리슨, 세인즈버리 등이 있으며, 프리미엄 제품을 판매하는 곳은 웨이트로즈, 마크스 & 스펜서, 홀푸드, 플래닛 오가닉 등이다. 대부분 슈퍼마켓에서 의약품과 화장품을 판매하지만, 브리튼 사람들은 대체로 부츠 같은 약국(영국에서는 chemist라고 함)이나 홀랜드 & 바렛 같은 건강식품 판매점에서 구매한다.

마을 단위에 사는 사람들은 아직도 '마을 가게' 또는 일반 상점을 이용한다. 이러한 가게는 우체국과도 닮았지만, 점차 그 수가 줄고 있다.

현대인의 삶에서 교외에 있는 대형 쇼핑몰도 빼놓을 수 없지만, 거기까지 가려면 차가 있어야 한다. 수도의 웨스트필드 런던과 웨스트필드 스트랫퍼드, 타인위어의 메트로센터, 맨체스터의 트래퍼드 센터, 켄트의 블루워터가 유명하다.

아마존, ASOS, 오카도 등의 온라인 쇼핑몰이 등장하면서 브리튼은 쇼핑 혁명을 겪었다고 해도 과언이 아니다. 2020년의 코로나19 봉쇄로 전자상거래 매출이 47% 급등했고, 2022년 온라인 매출액이 전체 영국 소매 매출에서 차지하는 비중은 27%로, 2012년의 두 배다. 이제 의류와 가전제품을 온라인에서 사는 일은 상당히 흔하다.

최근에는 특히 여성들 사이에서 의류를 구매하기보다 허 콜렉티브(65개 패션 아이템 대여) 같은 웹사이트를 통해 대여하는 경우가 많아졌다.

전자상거래의 인기, 교외의 주차 가능 소매점 밀집 지역, 아 고스, 파운드랜드, 프라이마크 같은 체인점과의 경쟁에서 밀 려나는 독립 상점으로 인해 브리튼의 시내 중심가가 쇠락하 고 있다. 오랜 역사를 자랑하는 전국 체인점 중에서도 살아남 지 못했다. 2016년에 브리티시 홈 스토어가 폐업했고, 남성복 소매점인 T. M. 레윈도 온라인 기업으로 전환했다. 이는 노령 인구와 인터넷 접근성이 떨어지는 사람들에게 큰 문제가 된다. 오늘날 시내 중심가에는 휴대전화 대리점, 코스타 커피, 스타 벅스, 프레타망제 등 커피숍, 기부 상점 등이 즐비하다. 다만, 기부 상점과 트렁크 세일, 벼룩시장 등의 확대는 재활용을 장 려하고 쓰레기 매립을 줄인다는 점에서 어느 정도 환영받고 있다.

수많은 독립 상점이 밀집한 시장 도시는 매우 가치가 높다 고 보며, 미드글러모건의 트레오키는 최고의 브리튼 시내 중심 가 상을 받았다. 런던의 버러마켓 같은 파머스 마켓, 노팅엄셔 의 뉴어크 앤틱 페어 같은 골동품 시장, 체셔의 매클즈필드에 있는 트레클 마켓 같은 수공예품 판매 시장도 소중하게 생각한다.


## **먹을거리와** 마실 거리

브리튼의 음식도 다양하고 맛있으니 브리튼 음식에 관한 고정 관념은 접어두자. 브리튼의 바다에는 어류가 풍부하고, 비옥한 토지와 온난한 기후 덕분에 농작물과 가축이 잘 자라므로 질 좋은 고기(사냥한 것 포함)와 곡물, 과일, 채소가 생산된다. 또한 우유와 크림이 풍부해서 이웃한 프랑스와 견줄 정도로 치즈 산업이 전국적으로 발달했다. 17세기에 탐험가, 무역상, 노예 플랜

로스트비프를 전달하는 모습

테이션 소유주들이 차, 커피, 설탕부터 향신료, 오렌지, 바나나, 파인애플 등 이국적이고 생소한 농작물을 들여왔다.

전통적인 잉글랜드 음식에는 수프, 랭커셔식 핫포트 같은 스튜, 양고기로 만든 셰퍼드 파이, 소고기로 만든 코티지 파이, 스테이크 앤 키드니 파이 등이 있다. 구운 고기(사냥한 고기 포함), 가금류 등은 보통 채소와 반죽을 구워서 머스타드, 서양 고추냉이, 그레이비소스를 곁들인 맛있는 요크셔푸딩과 함께 나온다. 디저트로는 과일 파이, 크럼블, 처트니가 포함된 모듬 치즈를 많이 먹는다. 브리튼 맥주, 사이다, '스카치'(스카치 몰트위 스키)도 질이 좋기로 유명하다.

양차 세계대전과 그 이후에 이어진 긴축 시기는 음식 선택에 매우 크게 영향을 주었다. 대부분 사람이 구할 수 있는 것만으로 '견뎌야' 했거나 자기가 먹을 것을 키워야 했다. '승리를 위한 삽질'Dig for Victory이라는 표현은 가능하면 자급자족할 것을 장려하기 위해 널리 사용되었다. 조지 6세는 버킹엄 궁전 화단의 일부를 채소밭으로 바꾸었다. 그 결과 브리튼 사람들은 한동안 차선책에 익숙해졌다. 이는 브리튼의 요리가 보통 수준이거나 단조롭다는 오래된 인식이 생기는 데 일조했다.

오늘날에는 〈마스터 셰프〉, 〈그레이트 브리티시 베이크 오프〉 같은 요리 대회가 TV 황금시간대에 방영되고, 제이미 올리버, 고든 램지, 델리아 스미스, 나이젤라 로슨 같은 요리사가 유명세를 떨치고 있으며, 헬로프레시 같은 기업은 사람들의 요리를 간편하게 만드는 배달용 밀키트를 개발했다.

튀김옷을 입힌 대구, 해덕 또는 넙치와 함께 두껍게 잘라 뜨겁게 튀긴 감자와 삶아 으깬 완두콩을 곁들여 내는 피시 앤 칩스는 브리튼의 대표적인 음식이다. 보통 소금과 식초, 토마토 또는 브라운소스, 레몬 또는 요즘에는 그레이비소스, 카레

피시 앤 칩스

소스, 치즈 등과 함께 먹는다. '치피스'chippies라고도 부르는 피
시 앤 칩스 가게가 처음 생긴 것은 1860년대로, 이후에 북대서
양과 노르웨이·아이슬란드 인근의 해역에서 저인망 어선이 물
고기를 대량으로 잡아들이면서 폭발적으로 늘어났다.

1913년에 설립된 영국 생선튀김 협회의 추산에 따르면 영
국 내 피시 앤 칩스 전문점이 1만 500개다. 인구의 80%가 1년
에 한 번은 피시 앤 칩스를 먹고, 22%는 일주일에 한 번꼴로
먹는다. 그러나 에너지 요금이 오르고 어장이 고갈되는데다 채
식주의가 대두되고 선택지가 다양해지면서 산업에도 영향을
미치고 있다. 포장용 피시 앤 칩스는 보통 신문지로 포장했는

데, 1980년대에 승인된 종이 상자를 쓰도록 하는 위생법이 통과되면서 관행이 바뀌었다.

## 【 하루의 식사 】

'풀 잉글리시 브렉퍼스트'는 보통 달걀, 베이컨, 소시지, 감자, 토마토, 버섯, (소, 양, 돼지 등의) 콩팥, 블랙 푸딩, 베이크드 빈, 버터를 바른 토스트, 토마토 케첩 또는 브라운소스를 모두 함께 또는 일부만 먹는 것을 말하며, 대부분 굽는 방식으로 조리한다. 여기에 토스트, 잼이나 마멀레이드, 차나 커피를 더 곁들인다. 풀 잉글리시 브렉퍼스트를 주말에 해 먹는 사람도 여전히 있지만, 호텔, 게스트하우스, 카페 등에서 이따금 즐기는 경우도 많다. 포리지나 시리얼, 방법에 상관없이 익힌 달걀, 햄, 키퍼(훈제 청어) 같은 훈제 생선 또는 영국 식민지 시기 인도의 영향을 받아 밥, 훈제 해덕, 삶은 달걀로 만든 케저리 등도 여전히 인기 있는 전통적인 식사다.

그러나 요즘에 시리얼이나 잼, 마멀레이드, 꿀, 땅콩버터, 마마이트(이스트 추출물로 만든 짭짤한 스프레드) 등을 발라 먹는 토스트 등 빠르고 가볍게 먹을 수 있는 식사를 선호하는 사람이 많다. 호불호가 갈리는 마마이트는 '좋아하거나 싫어하거나'라는 슬로건과 함께 판매된다. 도시에 사는 사람들은 출근길에 카페 체인점에서 크루아상과 커피를 사 갈 수도 있다. 아침과 점심을 겸해서 늦은 오전 시간에 먹는 브런치는 주말을 느긋하게 보낼 때를 위해 남겨 둔다.

직장인들은 주중에 대개 수프, 샌드위치, 샐러드를 점심으로 먹는다. 전통적인 일요일 점심 메뉴는 구운 소고기, 돼지고기, 양고기 또는 닭고기에 감자, 채소, 육즙이나 인스턴트 믹스로 만든 그레이비소스를 곁들인 것이다. 디저트나 푸딩으로는 보통 과일 타르트나 크림 또는 커스터드(달걀, 설탕, 우유, 바닐라로 만듦)에 흠뻑 적신 브레드 앤 버터 푸딩을 먹는다. 조금 더 현대적인 디저트로 가게에서 산 요거트나 치즈케이크를 즐기기도 한다.

북부에서는 '티'라고도 하는 저녁<sup>supper</sup>은 저녁 시간 중 언제든지 편한 때에 가족과 함께 간단하게 먹는 식사를 가리킨다. 주중에는 주로 익힌 요리로 구성하는데, 양갈비, 코티지 파이(다진 고기를 주재료로 하고 으깬 감자를 얹어 오븐에서 구워 냄), 또는 요즘에는 피자나 파스타를 먹고 치즈와 과일을 디저트로 먹는다. 준비할 시간이 더 있다면 저녁도 더 격식을 차릴 수도 있지만, 단어의 의미처럼 격식을 차리지 않는 편이다.

이보다 격식을 차린 저녁 만찬에 초대받을 수 있는데, 이때는 와인을 같이 마시며, 식사 시각은 오후 7시 반이나 8시다.

## 휴가

평균적으로 보장된 휴가 일수는 20일(교사의 경우 이보다 더 많음)이고 공휴일에도 쉬지만, 대부분 기업에서 제공하는 휴가 일수는 25일 이상이다. 기업 대부분이 최대 2주 연속 휴가를 허용하며, 이보다 더 길게 쉬어야 할 경우에는 사전에 고용주와 합의해야 한다. 브리튼에서도 크리스마스와 새해에 걸쳐 2주간 일을 쉬는 편이다.

브리튼 사람 대부분이 학교의 여름방학 기간에 2주 휴가를 떠난다. 예산이 부족하다면 캠핑하거나 이동식 주택을 세울 수 있는 부지에 트레일러(이동식 주택)를 세우고 숙박하거나 1930년대에 시작된 저렴한 해변 리조트 체인인 버틀린에서 머물 수 있다.

민박집에서 숙박하고 손수 만든 아침을 먹으며 호스트와 담소를 나누는 B&B<sup>Bed and Breakfasts</sup>도 일반적인데, 특히 해안가

펨브로크셔 텐비의 북적이는 여름 해변

에 많다. 2009년에 에어비앤비가 영국에서 서비스를 시작하면서 이러한 숙박 형태의 인기가 매우 높아졌고, 2017년과 2018년 사이에 이러한 숙박 형태를 선택한 여행객이 840만 명에 달했다. 그러나 일각에서는 이러한 비즈니스 모델이 현지의 장기 임대를 어렵게 만들고 공동체성을 약화하며 임대료를 높인다는 비판을 제기한다.

대부분의 브리튼 사람은 태양을 쫓아 여행한다. 날씨가 좋을 때는 블랙풀, 앵글시, 마게이트 같은 해안 도시로 가서 일광욕과 바다 수영, 해변 오락실 게임이나 밤 문화를 즐긴다.

그냥 브리튼에서 휴가를 보내는 중산층이라면 해변 오두막에 투자할 수도 있다. 다만, 가장 인기가 높은 유형은 현재 32만 5000파운드로 일반적인 주택 가격과 맞먹는다. 그러니 해변 오두막 투자보다는 교외에 있는 스파 호텔, 코츠월즈의 부티크 호텔에서 호캉스를 즐기거나 노퍽브로즈에서 요트를 타며 휴가를 보낼 가능성이 훨씬 높다. 중산층은 보통 1년에 몇 번씩 휴가와 주말여행을 즐기는데, 콘월의 어촌과 독립 미술관, 프랑스의 포도밭, 그리스, 플로리다, 호주 등에 있는 유네스코 세계문화유산 등을 방문하기도 한다.

상류층은 몰디브에 있는 호화 리조트에 머물거나 탄자니아 사파리를 방문하거나 남극 대륙으로 크루즈를 떠나기도 한다.

중산층 학생의 경우 대학 진학 전 또는 직후에 1년을 쉬면서 동남아시아나 남미로 배낭여행을 떠나거나 인터레일로 유럽을 일주하기도 한다. 금전적 여유가 있고 나이가 조금 더 많거나 부유한 사람들도 똑같이 배낭여행에 나설 수 있지만, 대신 호스텔이 아니라 호텔에 머물며 '근사한 배낭여행'flashpacking을 즐길 것이다. 코로나19 이후에 하이브리드 근무 형태(원격, 사무실 근무가 혼합된 업무 형태-옮긴이)가 주류로 자리 잡은 이후에는 특히 휴가와 원격 근무를 결합하는 경우도 많아지고 있다.

## 선물하기

앞서 살펴보았듯이, 식사에 초대받으면 집주인을 위해 꽃, 초콜릿, 와인 한 병 같은 선물을 가져가는 것이 관례다. 또한 이국적인 곳에 다녀왔다면 보통 친구, 가족, 동료를 위한 선물을 챙긴다. 생일에도 선물을 주고받고 파티를 즐긴다. 젊은 세대는 부모 세대보다 더 즉흥적으로 선물하며, 친구 사이에 생일과 기타 기념일에 선물과 카드를 더 자주 주고받는다. 3월에 있는 어머니의 날, 6월에 있는 아버지의 날은 연례 가족 기념일이다. 많은 아동이 아버지나 어머니에게 카드를 쓰고, 어머니의 날에는 꽃도 같이 선물한다.

# 07

---

# 여가생활

런던은 최강의 문화 도시다. 음악, 미술, 연극 등 즐길 거리가 무수히 많다. 세계적으로 유명한 박물
관과 미술관 외에도 런던에는 디자인 박물관, 런던 교통 박물관, 국립해양박물관 등 덜 유명한 전
문 박물관도 많이 있으며, 입장료는 전부 무료다.

런던은 최강의 문화 도시다. 음악, 미술, 연극 등 즐길 거리가 무수히 많다. 세계적으로 유명한 박물관과 미술관 외에도 런던에는 디자인 박물관, 런던 교통 박물관, 국립해양박물관 등 덜 유명한 전문 박물관도 많이 있으며, 입장료는 전부 무료다. 최신 유료 전시가 시작하는 주의 표를 구하거나 극장에서 제일 좋은 좌석을 구하려면 예약이 필수다.

수도 외에도 주요 대도시와 지역에서 풍부한 문화유산, 예술, 역사를 느낄 수 있다. 콘월의 에덴 프로젝트, 1805년 트라팔가르 전투에 쓰인 넬슨의 '빅토리호'가 전시된 포츠머스 역사 조선소, 글래스고에 있는 켈빈그로브 미술관과 박물관, 옥스퍼드에 있는 애슈몰린 박물관, 타이타닉 벨파스트, 셰익스피어가 태어난 스트랫퍼드어폰에이번 등이 대표적이다. 각 지역의 관광사무소에 가면 필요한 정보를 얻을 수 있다.


## 외식

전후 브리튼에는 먹을 것이 별로 없다는 말은 과소된 평가다. 월튼스, 심슨스 타번, 룰스 같은 오랜 역사를 자랑하는 런던의 레스토랑은 1700년대에 개업했으며, 일반인이 외식을 즐기기 시작한 것은 1960년대와 1970년대에 해외여행을 통해 새로운 맛과 재료에 눈을 뜨면서부터다. 해외에서 다양한 문화와 음식을 경험하게 되자 외식을 더 자주 하게 되었고, 음식의 질에 대한 요구도 높아졌다. 그러면서 도시에 더 많은 식당이 생겼고, 경쟁이 치열해지면서 요식업계의 지형도 변했다. 오늘날 런던에서는 거의 모든 음식을 맛볼 수 있다.

## 【 드레스 코드 】

고급 레스토랑, 폴로 경기나 시사회 같은 행사, 그리고 일부 고급 호텔에서는 깔끔하고 우아하면서도 캐주얼한 복장을 갖추어야 한다. 원피스나 바지에 셔츠를 입고, 운동화보다는 구두를 신어야 하며, 운동복, 찢어진 곳이 있거나 더럽거나 구겨진 옷을 입어서는 안 된다. 그렇지만 팜 코트나 런던 리츠 호텔의 리츠 레스토랑 앤 테라스처럼 더 격식을 차리는 곳에서는 재킷과 타이가 필수다. 마찬가지로 7월 첫째 주에 헨리 로열 레가타에 참여하고 특히나 고급 리앤더 조정 클럽 회원이라면 적절한 셔츠와 타이를 착용해야 한다는 복장 규정이 있다.

　　보통 격식을 차리는 행사의 초대장에는 드레스 코드가 명확하게 제시되어 있다. 라운지 수트 또는 '검정 타이'는 디너 재킷(턱시도) 또는 맵시 있는 드레스를 의미한다.

## • 서비스와 팁 지급 •

브리튼 사람들은 품위가 손상된다고 생각하고, 이전부터 서비스 업계의 급여도 매우 낮았기 때문에 다른 사람에게 서비스하는 일을 별로 좋아하지 않는다. 브렉시트 전에 도시에서 식당 종업원으로 일하던 사람은 대부분 EU 국가 출신이었지만, 2016년 이후로 이들 대다수가 빠져나가면서 많은 식당과 바가 인력난에 시달렸다. 따라서 서비스가 뒤죽박죽일 수 있다. 브렉시트 이후 서비스 업계 종사자의 급여는 10% 정도 상승했다.

일반적으로 택시 운전사, 식당 종업원, 미용사, 이발사에게 10%의 팁을 남긴다. 때로는 이용 금액에 '서비스' 금액을 추가하도록 선택할 수 있는데, 팁을 주어야 할지, 혹은 준다면 얼마나 주어야 할지 잘 모르겠다면 사용할 수 있는 방법이다.

# **문화와** 공연 예술

## 【 문화의 보고 】

브리튼은 문화 행사에 있어서 타의 추종을 불허하며, 많은 사랑을 받는 행사 대다수가 수백 년의 역사를 자랑한다. 런던 로열아카데미에서 열리는 여름 전시회는 1769년에 시작되었으며, 브리튼에서도 매우 오래된 문화 행사 중 하나다. 매년 6월에 신진 예술가와 유명 예술가의 작품을 감상할 수 있도록 대중에 공개한다.

로열아카데미의 여름 전시회에 비교하면 1895년에 시작된 더 프롬스라는 클래식 음악 축제는 비교적 후발 주자다. 7월과 9월 사이에 로열 앨버트 홀에서 콘서트가 열린다. '프롬스의 마지막 밤'이라고도 하는 대미에는 청중들이 복장을 갖추고 유니언잭 깃발을 흔들며 '희망과 영광의 땅'이라는 노래를 함께 부른다.

그 이름에서도 알 수 있듯이 왕립원예협회 주관 첼시꽃박람회는 1913년에 처음 시작되었을 때부터 왕실 구성원의 관심을 끌었다. 매년 5월 첼시에 있는 왕립병원(퇴역 군인의 요양소) 정원에서 정원 꾸미기 전시장과 꽃 전시, 대담, 정원 가꾸기 시연 등이 이루어진다.

8주간의 클래식 음악 콘서트인 BBC 프롬스가 열리는 로열 앨버트 홀

한편 서식스에서 열리는 글라인드본 축제는 1934년부터 매해 여름에 오페라 팬들의 가슴을 뛰게 한다.

8월에 열리는 에든버러 축제는 모든 공연 예술 부문을 다루는 세계적으로 유명한 축제다. 수백 개의 독립(대체로 소규모) 극단으로 구성되는 프린지라는 공연도 자유롭게 접할 수 있는데, 프린지는 탁월한 극부터 터무니없는 극까지 아우르는 엔터테인먼트 만화경이라고 할 수 있다.

또한 스코틀랜드에서는 8월에 에든버러성 산책로에서 군악대, 댄스, 파이프 공연을 볼 수 있는 로열 에든버러 밀리터리 타투에 대한 자부심도 높다.

1822년에 처음 만들어진 유명한 로열 하이랜드 쇼는 6월에 열린다. 이 행사에서는 스코틀랜드 농업, 가축, 농산물, 농촌 공예품, 다양한 음악 밴드 등을 볼 수 있다.

웨일스의 내셔널 아이스테드바드는 1861년에 시작된 웨일스 최고의 문화 행사다. 웨일스 전역에서 매년 8월에 시 낭송, 라이브 음악 공연, 웨일스 요리 시연, 웨일스어 교실 등이 열린다. 로열 웰시 쇼는 1904년에 시작되었다. 포이스 라넬웨드에서 매년 7월에 목양견 대회, 오토바이 스턴트 시연, 원예 시연이 열린다.

1987년에 생긴 헤이 페스티벌은 '마음의 우드스톡'이라고도 묘사된다. 매년 6월에 헤이온와이라는 시장 도시에서 열리는 이 유명한 문학 축제에서는 세계적인 작가를 초청해 대담과 사인회를 진행하거나 라이브 음악 공연을 하기도 한다.


【박물관】

런던에 있는 수많은 비영리 공공 박물관은 교육과 즐거움을 위한 전시물의 조사·수집·보존 부문의 선두 주자다. 1753년에 개관한 영국박물관은 인류 지식의 모든 분야를 망라한 최초의 국립 박물관이다. 관람객 수로 보면 2022년 코로나19 봉쇄에서 회복하던 중이었음에도 세계 4위를 기록할 정도다. 19세기 후반 네오고딕 양식의 건물에 자리한 자연사박물관은 관람객 규모가 3위다. 2022년 빅토리아 앤 앨버트(V&A) 박물관의 관람객 수는 240만 명이며, 과학박물관이 230만 명이다. 외국인 방문객들은 수도에 있는 왕립천문대도 많이 방문한다. 1675년 찰스 2세가 건립했으며, 그리니치평균시를 정하는 그리니치자오선(지구 경도의 원점)이 지나간다.

런던 외에도 서머싯의 로만 바스 앤 펌프 룸, 더럼 카운티의

자연사박물관 메인 홀에 전시된 거대한 대왕고래의 뼈대

비미시 박물관, 옥스퍼드셔의 애슈몰린 박물관에서 풍부한 지식을 엿볼 수 있다.

스코틀랜드를 방문하는 사람 대부분이 스코틀랜드국립박물관을 방문하는데, 2022년 관람객 수는 200만 명이다. 글래스고의 리버사이드 박물관, 캘빈 그로브 미술관과 박물관, 그리고 아트 펀드가 2023년에 올해의 박물관으로 선정한 버렐 컬렉션 등도 주목할 만하다.

웨일스 문화유산의 경우 카디프성과 카디프국립박물관에서 전체적으로 살펴볼 수 있다.

그리고 브리튼의 박물관이 소장한 전시물 대다수가 대영제국 시기 식민지에서 가져온 것이기 때문에 원래 국가에 되돌려 주어야 하는가에 관한 논쟁이 오랫동안 지속되고 있다.

## 【 미술관 】

박물관과 마찬가지로 브리튼의 주요 미술관도 무료로 입장할 수 있다. 테이트 모던의 2022년 관람객은 390만 명으로 1위를 기록했다. 거대한 발전소를 개조해 만든 현대미술관으로, 2016년에 확장하면서 소장 작품이 더 늘어났다. 인근에 위치한 사우스뱅크 센터는 헤이워드 갤러리, 로열 페스티벌 홀과 퀸 엘리자베스 홀 같은 공연 공간으로 구성된 대규모 문화 복합 시설로, 290만 명의 관람객이 방문했다. 그다음으로 관람객 수가 많은 트라팔가르광장의 내셔널 갤러리(270만 명)의 경우, 영구 소장 미술품 컬렉션이 1824년으로까지 거슬러 올라간다.

스코틀랜드에서는 130만 명이 1859년에 개관한 스코틀랜드 국립미술관의 소장 미술품을 관람했다. 웨일스에서는 미술 전문가라면 카디프에 있는 국립미술관과 런던 테이트 모던의 파트너 미술관인 스완지의 글린 비비안 미술관에 가고 싶어 할 것이다. 또한 웨일스는 현재 국립현대미술관 설립을 계획하고

하이드 파크의 서펜타인 노스 갤러리의 연결 부분(자하 하디드 설계)

있다.

개별 전시와 작품도 관람객의 발길을 끌 수 있지만, 새로운 미술관에는 도시 전체에 활기를 불어넣는 힘이 있다. 타우너 이스트본, 마케이트의 터너 컨템퍼러리 등의 미술관은 근래에 남부 해안가 활성화에 기여했으며, 2017년에 개관한 마이닝 아트 갤러리는 더럼 카운티에 긍정적인 영향을 주었다.

## 【 연극 】

브리튼의 연극은 그 뿌리가 매우 깊으며, 강한 전통과 함께 오늘날에는 현대적이고 실험적인 연극을 개척하고 있다. 런던 웨스트엔드의 '시어터랜드'는 종류와 수준이 다양한 연극과 뮤지컬 공연으로 유명하며 40여 개의 극장이 자리하고 있다. 가장 오랫동안 상연되고 있는 애거사 크리스티의 〈쥐덫〉은 1952년부터 공연했다. 이 공연에서는 관람객들에게 결말을 밝히지 말 것을 부탁한다. 〈레미제라블〉, 〈오페라의 유령〉, 〈우먼 인 블랙〉 등도 1980년대부터 공연이 이어지고 있다. 특별히 유명인이 주연을 맡는 공연을 보고 싶다면 공연일이 되기 훨씬 전에 예매하는 편이 좋다. 템스강에 있는 사우스뱅크 센터에는 국립극단이 있으며, 로열셰익스피어컴퍼니는 워릭셔의 스트랫퍼드어폰에이번에 있다. 브리튼 전역에 지역 극장이 많은데, 웨스트 서식스의 치체스터 페스티벌 시어터가 대표적이다.

화려한 쇼와 언어에 대한 브리튼 사람들의 사랑은 지역 아마추어 연극 협회의 연극 공연, 크리스마스에 공연되는 팬터마임, 블랙풀 같은 해안 도시에서 여름에 코미디언, 가수, 마술사가 나와 펼치는 다양한 공연 등에서 찾아볼 수 있다. 언론의 자유가 법으로 보장되는 덕분에 스탠드업 코미디도 인기가 많지만, 요즘에는 다른 사람을 공격한다고 느껴지는 농담을 구사하는 코미디언의 공연을 '취소'하라는 요구가 생기고 있다.

런던의 차링 크로스 로드에 있는 개릭 극장

## 【음악계】

런던은 클래식 음악 제작의 중심지로, 교향악단도 네 개나 있으며, 이 외에도 수많은 실내악단과 합창단이 활동한다. 공연 장소로는 로열 앨버트 홀, 로열 페스티벌 홀, 위그모어 홀, 바비칸 센터, 카도간 홀, 킹스 팰리스 등이 유명하다. 또한 세인트 마틴 인더 필즈 등 교회에서는 저렴한 가격으로 점심시간에 콘서트를 열기도 한다. 다른 유명한 국립 공연장에는 맨체스터의 브리지워터 홀, 에든버러의 어셔 홀, 벨파스트의 워터 프론트 홀이 있다.

엔조 플라조타의 어린 댄서 동상이 전경에 있는 왕립오페라극장

런던 코번트가든 왕립오페라극장은 이전에 있던 오래된 극장 자리에 건물을 짓고 1858년에 개관했다. 이 외에도 스코틀랜드에서는 스코티시 오페라의 팝업 공연을 볼 수 있고, 벨파스트의 그랜드 오페라 하우스에서는 북아일랜드 오페라를 감상할 수 있다. 웨일스국립오페라단은 1943년에 창단했으며, 카디프의 웨일스 밀레니엄 센터에 위치한다.

브리튼의 로열발레단은 세계에서도 손꼽히는 고전 발레단이다. 왕립오페라극장에 자리하고 있으며, 브리튼 5대 발레단 중 최대 규모를 자랑한다. 현대무용을 주로 하는 램버트발레단은 아일링턴의 새들러즈 웰즈 극장에 있다. 이 극장은 1683년에 음악 공연장으로 시작해 오늘날에는 블록버스터 공연과 새롭고 획기적인 작품을 올리고, 댄스 워크숍을 주관하며, 신인 댄서와 안무가를 지원한다. 이 외에도 1950년에 창립된 잉글랜드 국립발레단, 1969년에 창설되어 글래스고에 있는 스코틀랜드 발레단, 1986년에 설립된 웨일스의 발레 컴리Cymru 등이 유명하다.

## 【 차트 음악 】

런던, 맨체스터, 리버풀, 글래스고는 9만 석 규모의 웸블리 스타디움부터, 비틀즈도 공연했던 리버풀에 있는 소규모의 캐번 클럽, 글래스고의 전설적인 라이브 음악 공연장 겸 바인 King Tut's Wah Wah Hut까지 라이브 음악계로 유명하다.

브리튼 특유의 창의성은 새로운 음악 장르를 만들어냈다. 지역별 영국식 억양과 문화적 요소가 가미된 것이 특징인 얼터너티브 록의 일종인 브릿팝은 오아시스, 블러, 스웨이드, 펄프 등의 밴드를 선두로 해 1990년대 중반에 생겨났다. 같은 시기에 잉글랜드에서 일렉트로닉 댄스 음악의 하위 장르인 개러지가 발달했다. 정글, 하우스, R&B의 영향을 받았으며, 아트풀 다저, 크레이그 데이비드가 이 장르의 선두 주자였다. 그라임이라는 장르도 정글과 힙합의 영향을 받았다. 빠른 비트와 도시 생활의 불쾌한 단상을 보여 주는 가사가 특징인 이 장르는 2000년대 초 런던에서 발달했다. 스톰지와 디지 라스칼 같은 아티스트가 이 스타일의 대표 주자다.

A급 스타, 최고 수준의 음향 시스템, 다양한 아티스트를 보고 유대감을 느끼며 마음껏 즐길 수 있는 음악 페스티벌도 꾸준히 인기가 높다. 최대 규모를 자랑하는 글래스턴베리는 1970년에 시작되어 이제는 21만 명이 축제를 찾는다. 축제 기간이면 서머싯의 농장이 팝업 도시로 변신한다. 잉글랜드 남

부에서도 아일오브와이트 페스티벌과 런던의 브리티시 서머 타임 페스티벌을 개최하며, 엘튼 존 같은 유명 아티스트가 참여한다. 이 외에도 레딩 앤 리즈 페스티벌, 맨체스터의 파크라이프 페스티벌, 체셔에서 열리는 댄스, 하우스, 테크노 페스티벌인 크림필드 등이 유명하다.

1978년에 시작된 에든버러 재즈 앤 블루스 페스티벌도 여전히 활발하게 진행되고 있고, 셰틀랜드 포크 페스티벌도 1981년부터 계속되고 있다. 웨일스에서는 포이스의 그린 맨 페스티벌에 2만 5000명의 관람객이 모인다.

화려한 볼거리와 음악을 결합한 런던의 유명한 노팅힐 카니발은 8월에 열리는 유럽 최대 규모의 카리브해 음악·문화 축제다.

## 【영화】

브리튼 영화계의 중심은 런던으로, 수도, 그레이터런던, 그 주변의 주에 영화 스튜디오가 많이 있다. 〈글래디에이터〉, 〈빌리 엘리어트〉, 〈러브 액츄얼리〉 등을 제작한 서리의 셰퍼튼 스튜디오가 확장을 완료하면, 인도의 라모지 필름 시티 다음으로 큰 영화 스튜디오가 될 것이다. 그렇지만 지금은 1930년대

런던의 노팅힐 카니발에 참여한 삼바 드럼 연주자들

에 생긴 버킹엄셔의 파인우드 스튜디오가 가장 크다. 가장 유
명한 영화 스튜디오는 워너브러더스의 스튜디오 투어 '더 메이
킹 오브 해리포터' 덕분에 이름이 알려진 스튜디오 리브스덴
으로, 하트퍼드셔에 위치한다. 에든버러의 퍼스트스테이지 스
튜디오는 2020년에 문을 연 신규 스튜디오다. 런던의 소호는
브리튼의 영화 후반 작업 산업의 중심지다.

　주문형 동영상 서비스의 확대 때문에 브리튼에서 극장이
줄고 있지만, 신축 아파트에 건설되는 극장과 소파, 더블베드,
수준 높은 식사, 칵테일 등을 좌석으로 가져다주는 극장은 늘
고 있다.

영화 팬이라면 오데온, 뷰, 시네월드 같은 멀티플렉스나 커즌, 픽처하우스, 에브리맨 같은 독립 부티크 영화관에서 블록버스터 영화를 관람할 수 있다. 런던에 있는 브리티시 필름 인스티튜트의 BFI 사우스뱅크는 레퍼토리 영화관으로, 세계 영화, 다큐멘터리를 상영하며, 전시회도 하고 시사회와 대담을 주관하기도 한다.


## 스포츠

크리켓, 테니스, 축구 등은 브리튼에서 탄생한 세계적인 스포츠다. 선수이든 관중이든, 모두에게 브리튼은 스포츠 천국이다.

### 【축구】

축구(영국식으로는 football, 미국식으로는 soccer라고 표기)는 브리튼의 국민 스포츠로, '신흥 종교'라고 불릴 정도다. 축구 산업을 이끄는 것은 수백만 파운드의 가치를 지닌 프리미어리그로, 아스널, 첼시, 에버튼, 리버풀, 맨체스터 유나이티드, 2019년 런던에 새 경기장의 문을 연 토트넘 홋스퍼가 강자로 군림하고 있다.

역사적으로 축구는 노동자 계층의 스포츠로 여겨졌고 훌리건이라는 어두운 면도 있지만, 오늘날에는 폭넓은 관중을 유치하고 있다. 요즘에는 여성들을 비롯해 가족 단위로 경기를 보거나 실제로 경기에 나서며, 2002년 영화 〈슈팅 라이크 베컴〉과 2012년 런던 하계올림픽·패럴림픽의 영향을 받은 여성 축구선수 세대가 등장했다. 이러한 문화적 변화는 브리튼 여자 축구대표팀이 2022년 유럽 챔피언십에서 우승하고 2023년 피파 여자 월드컵 결승전에 진출하는 쾌거로 이어졌다.

## 【럭비】

원래 럭비 풋볼이라고 불렸던 럭비의 현대적인 형태는 논란의 여지가 있기는 하지만, 1823년 워릭셔의 럭비 스쿨에서 시작된 것으로 본다. 사실이든 아니든 간에 럭비는 여전히 중산층의 스포츠로 여기고 있으며, 보통 남학생들만 다니는 사립학교에서 많이 한다.

럭비는 럭비 유니언과 럭비 리그의 두 가지 유형으로 나뉜다. 두 유형은 점수 획득과 공의 소유 등에 관한 규칙이 서로 다르다. 럭비 유니언은 1871년에 만들어졌으며, 이 규칙이 월드컵과 식스 네이션스(잉글랜드, 스코틀랜드, 웨일스, 아일랜드, 프랑스,

이탈리아가 참여하는 연례 챔피언십) 등 주요 토너먼트 대회에 적용되고, '진정한' 형태의 럭비 경기라고 보는 경우가 많다. 15명의 선수가 한 팀을 이루고, 경기당 8명까지 선수를 교체할 수 있다. 13명이 한 팀으로 경기하고 선수 교체가 10명까지 가능한 럭비 리그보다 경기장이 크다.

축구와 마찬가지로 럭비를 하는 여성의 수가 늘고 있으며, TV 중계가 많이 늘어난 덕분에 더 많은 관중이 여자팀의 경기를 찾고 있다.


**【 크리켓 】**

크리켓은 잉글랜드 남부의 색슨 또는 노르만 시대에 발명되었다고 하며, 1600년대 이후 브리튼의 무역상과 정착민들이 전 세계로 전파했다. 현대에는 주로 중산층과 농촌에서 즐기는 것으로 여기지만, 도시에 사는 사람들도 런던에 있는 로드(매릴본 크리켓 클럽의 홈구장), 오벌 크리켓 구장에서 크리켓 경기를 관람할 수 있다.

한 경기에 최대 하루가 소요될 수 있으며, 테스트 크리켓은 최대 5일이 걸린다. 크리켓은 인내심, 헌신, 집중력이 필요한 만만치 않은 스포츠다. 팀의 모든 선수가 타자와 주자로 참여하

여름날의 크리켓 경기

고, 일부는 투수로도 활약한다. 대개 모든 선수에게 공을 타격하고 달려서 점수를 올릴 기회를 준다.

## 【 골프와 기타 스포츠 】

또 다른 브리튼의 스포츠인 골프는 1400년대 중반에 스코틀랜드에서 유래했으며, 스코틀랜드의 왕 제임스 4세가 열렬한 팬이었다고 한다. 1764년에 세인트 앤드루스에서 처음으로 18개의 홀을 갖춘 코스를 개발해 오늘날 우리가 아는 골프가 확립되었다. 2017년 기준으로 잉글랜드에 1872개, 스코틀랜드에

| 주요 스포츠 행사 | |
| --- | --- |
| 2월, 3월 | 식스 네이션스 럭비(웨일스) |
| 3월 | 보트 레이스(런던 남서부) |
| 5월 | 배드민턴 마장마술 대회(글로스터셔 배드민턴하우스) |
| 5월 | 하이랜드 게임(스코틀랜드) |
| 6월 | 더비 데이(서리 엡섬) |
| 6월 | 로열 애스콧(버크셔 애스콧) |
| 6~7월 | 윔블던(런던) |
| 7월 | 헨리 레가타(옥스퍼드셔 헨리온템스) |
| 8월 | 카우즈 위크(와이트섬) |

560개, 웨일스에 145개의 골프 코스가 있는 것으로 집계된다. 콜린 몽고메리, 저스틴 로즈, 닉 팔도 등이 브리튼의 위대한 골프 선수로 손에 꼽힌다.

승마도 인기 있는 여가 활동이다. 국제적인 청소년 단체인 포니 클럽의 영국 회원 수는 약 5만 명이며, 브리티시 라이딩 클럽 회원 수는 3만 4000명이다. 프로 기수는 연중 열리는 여러 경주에 출전한다. 이 중에서 가장 규모가 큰 그랜드 내셔널 대회는 4월에 리버풀의 에인트리에서 열린다. 유명하지 않은 어린 말과 기수에게는 인내심의 한계를 시험하는 힘든 경기이며, 평소 마권 판매소에 잘 가지 않던 수많은 사람들도 승자에게 돈을 거는 '단승' 방식의 마권을 구매한다. 경주는 33개의 울타리가 중간중간 세워진 3600m가 넘는 경기장을 두 번 달리는 것으로 이루어진다. 6월에 열리는 로열 애스콧은 왕실과 언론의 주목도가 높으며, 여성들이 의상, 특히 모자를 자랑하는 사교 패션 행사로도 유명하다.


## 쇼핑

브리튼 전역에서 세계적으로 유명한 브랜드, 집안 대대로 운영하는 독립 부티크, 고유한 장식이 있는 역사적인 가게 등을 만나볼 수 있다.

관광객들은 나이츠브리지에 있는 해러즈 백화점, 리젠트 스트리트에 있는 리버티 백화점과 장난감 가게 햄리스, 피커딜리에 위치하고 왕실이 인정하는 브랜드인 포트넘 앤 메이슨 등 런던의 유명한 백화점을 많이 방문한다. 부유층과 유명 인사도 메이페어와 세인트 제임스의 유서 깊은 아케이드에서 쇼핑하고 새빌 로에서 의상을 맞춘다. 또한 버밍엄의 주얼리 쿼

런던 피커딜리에 있는 우아하고 고급진 벌링턴 아케이드

터, 벨파스트의 퀸스 아케이드, 글래스고의 아가일, 뷰캐넌, 소
키홀 거리에 걸친 '스타일 마일'도 가볼 만한 곳이다.

전형적인 브리튼 기념품을 사고 싶다면 스카치위스키, 킬트
같이 훌륭한 울 제품, 웨일스 태피스트리, 점판암 코스터, 웨일
스 케이크, 리버티 패브릭, 잉글랜드 진, 웨지우드 도자기 등도
좋다.

## • 로열 워런트 •

중세 시대 이후로 왕실에 상품과 서비스를 제공하는 공식 업체는 왕에게 인증을 받았다. 오늘날 약 800개의 기업이 '왕실이 지정한…'이라는 문구를 5년간 표시할 권리를 주는 로열 워런트를 신청했다. 로열 워런트를 보유한 기업에는 웨일스 치즈 회사인 Caws Cenarth Cheese, 스코틀랜드 주얼리 업체 Hamilton & Inches, 런던의 와인 전문점으로 1698년에 문을 연 Berry Bros & Rudd 등이 있다.

## 【 골동품과 벼룩시장 】

모든 브리튼의 도시에는 정기적으로 골동품 시장, 벼룩시장, 트렁크 세일이 열린다. 이러한 시장에서는 여러 소품을 비롯해 은, 가구, 그림 등의 골동품과 중고 서적 등을 판매한다. BBC의 〈앤틱 로드쇼〉 같은 TV 프로그램도 인기가 매우 높다.

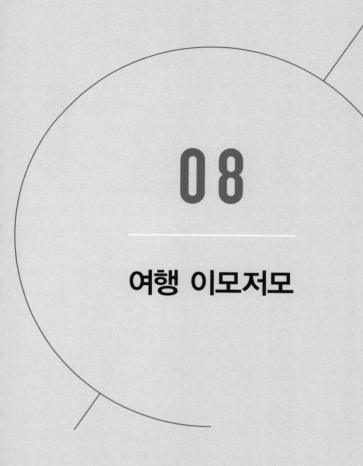

# 08

## 여행 이모저모

브리튼은 합리적인 대중교통 체계를 갖추고 있다. 모든 사람이 불평하기는 하지만, 그래도 안전하고 깨끗하며 대체로 신뢰할 만하다. 대부분은 대중교통을 이용할 때 낯선 사람과 대화하지 않는 편이다. 대부분 기차에는 휴대전화를 사용할 수 없는 조용한 객차가 있다.

# **도시** 간 여행

브리튼은 합리적인 대중교통 체계를 갖추고 있다. 모든 사람이 불평하기는 하지만, 그래도 안전하고 깨끗하며 대체로 신뢰할 만하다. 가장 저렴한 장거리 이동 수단은 버스(고속버스)다. 내셔 널 익스프레스는 정해진 운행 일정에 따라 전국적으로 고속버 스를 운행하고, 다른 버스 회사들도 전국에서 운행한다. 일부 장거리 고속버스에는 화장실이 딸려 있고, 대부분은 웰컴 브 레이크 같은 고속도로 휴게소에 정차해 승객들이 화장실을 이 용하거나 따뜻한 음료, 음식, 간식, 잡지 등을 살 시간을 준다.

물론 기차가 훨씬 빠르지만, 그만큼 비싸고 파업으로 운행 이 취소되거나 신호 오류, 선로 무단 침입, 높은 습도, 선로에 지나치게 많이 쌓인 낙엽 등으로 지연될 수 있다. 이용하려는 기차편이 지연되었다면 나중에 보상을 청구할 수도 있다. 내셔 널 레일의 웹사이트에서 더 자세한 정보를 찾아볼 수 있다.

브리튼 최초의 국내 고속철도[HSI]는 포크스턴의 채널 터널 부터 런던의 세인트 판크라스역까지 108km 구간을 최대 시속 225km로 달린다. 이 노선은 파리와 브뤼셀을 잇는 유로스타 고속철도 서비스를 위해 건설된 선로를 함께 이용한다. 두 번째 고속철도 노선<sup>HS2</sup>은 논란이 있기는 하지만 유스턴(세인트 팬 크라스에서 도보 이동 가능)부터 버밍엄까지를 연결할 계획이다.

브리튼 북부의 사람들이 남부 사람들보다 더 친절하다는 설이 있지만, 대부분은 대중교통을 이용할 때 낯선 사람과 대화하지 않는 편이다. 휴대전화로 통화하는 모습도 많이 볼 수 있지만, 다른 승객을 방해하지 않도록 조용히 통화하는 것이 좋다. 대부분 기차에는 휴대전화를 사용할 수 없는 조용한 객차가 있다.

## 【운전】

브리튼에서는 왼쪽으로 운전한다. 경기 불황이 도로 유지 보수 예산에 영향을 미치기는 했지만, 전반적으로 도로 상태는 좋은 편이다. 모터웨이라고 부르는 전국 고속도로가 있으며, M으로 표시한다. 예를 들면, M1 고속도로는 런던 북부에서 리즈 인근까지의 도로를 말한다. 이보다 규모가 작은 A와 B 도로는 대체로 느리지만 경치가 더 좋다. 일부 시골 도로는 커브가 많은데다 차선이 많지 않으므로 다른 차량이 추월하도록 하려면 길가에 차를 세워야 할 수 있다.

전국적으로 제한 속도를 살펴보면 고속도로가 시속 113km,

개방 도로는 시속 97km, 중앙분리대가 있는 도로(주로 도시 근교)는 시속 64km, 시내에서는 시속 48km(일부 경우는 시속 32km)다. 경찰이나 과속 단속 카메라가 속도위반을 단속할 수 있으며, 적발되면 구두 경고나 벌금 처분을 받을 수 있다. 일부 국가와는 달리 휴대전화를 들고 운전하거나, 유턴 표시가 없는데 신호등에서 유턴하는 것은 불법이다. 그리고 운전자는 차량 탑승자가 모두 안전띠를 착용하도록 할 의무가 있다. 주유소에서는 운전자가 셀프로 주유한다.

브리튼을 여행할 때 지역 관광사무소를 활용하면 좋다. 숙박 정보, 여행 관련 조언, 추천하는 지역에 관한 정보를 얻을 수 있기 때문이다.


## 도심 대중교통

맨체스터, 노팅엄, 에든버러 등 많은 도시에 광역 버스, 기차, 전차(또는 트램) 교통망이 마련되어 있다. 그리고 대여용 자전거도 대부분 도시에 있으며, 요즘에는 전기 자전거와 스쿠터도 앱을 통해 대여할 수 있다. 라임 같은 업체는 사용자가 전기

자전거나 스쿠터를 이용한 뒤 원하는 장소에 반납하도록 한다. 그런데 이러한 관행이 시각 장애가 있거나 휠체어를 타거나 유아차를 이용하는 사람들에게 불편을 초래하고 있다.

런던에서는 튜브라고 하는 지하철 외에도 블랙캡(택시), 1층/2층 버스, 지상철, 2022년에 개통한 도심-교외 하이브리드 노선인 엘리자베스선 등을 이용할 수 있다. 엘리자베스선은 레딩, 수도 서부, 런던 히스로 공항, 도심을 지나 동쪽으로는 셴필드, 애비우드까지 가는 117km 길이의 노선이다.

런던에서 대중교통 요금을 내는 일반적이면서도 가장 저렴한 방법은 오이스터 카드라는 비접촉식 스마트카드를 사용하

피커딜리 서커스 지하철역 입구가 보이는 리젠트 스트리트의 밤 풍경

는 것이다. 이 카드로 런던 버스, 런던 지하철, 도크랜드 경전
철DLR, 런던 지상철, 트램링크, 일부 리버 보트 서비스, 런던 요
금 존에 해당하는 내셔널 레일 서비스 대부분을 이용할 수 있
다. 일요일, 공휴일, 심야 시간에는 대중교통 서비스의 빈도가
줄거나 아예 운행하지 않을 수도 있다.

　통행이 많은 시간대에 런던 중심부로 이동하려는 운전자는
혼잡 통행료를 내야 하고, 연식이 오래된 차량은 런던의 대기
를 청정하게 유지하기 위해 부과하는 초저배출구역ULEZ 통행
료를 내야 한다.

브리튼에서 두 번째로 큰 도시인 버밍엄에 도입된 최신 트램 네트워크

## 건강

외국인 방문객이 브리튼으로 휴가 또는 사업 목적으로 방문하
면 여행자 보험이나 건강 보험이 필수는 아니다. 그리고 국민
보건서비스가 무상으로 제공되므로 보험이 있는지 물어보지
도 않는다. 그렇지만 브리튼 국내에서의 법적 지위에 따라 의
료비가 청구될 수 있다. A&E^Accidents and Emergency는 모두가 무료
로 이용할 수 있다. 그러나 본국 송환이나 긴급한 치과 치료를
포함해 만일의 사태에도 해당 서비스를 이용할 수 있는지 출

국 전에 관련 정책을 살펴보는 것이 좋다.

브리튼에 입국하는 방문객에게는 백신을 접종할 의무가 없다. 브리튼에 거주하고 해외로 휴가를 갈 때 백신 접종이 필요하다면 NHS 의사에게 접종을 문의하거나 노마드 트래블 같은 사설 여행 클리닉에 가서 돈을 내고 접종받을 수 있다.

24시간 무료로 제공되는 의료 정보 서비스를 이용하려면 111번, 응급 서비스(경찰, 구급차, 소방서, 해양경찰)를 이용하려면 999번으로 전화하면 된다.


## 안전

브리튼은 안전한 나라일까? 안전이라는 것이 상대적이기는 하지만, 주의를 충분히 기울이는 방문객이라면 대체로 안전에 관해 걱정하지 않아도 된다. 매우 심각한 자연재해나 위험한 동물이 없고, 허리케인이 오지도 않으며, 쓰나미가 덮칠 일도 거의 없다. 지진, 사이클론, 토네이도가 발생하기는 하지만 매우 드물고, 발생한다고 해도 피해가 크지 않은 편이다. 홍수가 가장 흔한 자연재해인데, 주로 강 주변과 저지대 해안가에서 발생한다.

영국의 총기 법규는 상당히 강력해서 총기 범죄가 늘고 있지만 여전히 낮은 수준이고, 대개는 갱이나 카운티 라인 등 조직범죄와 연관되는 경우가 많다. 카운티 라인은 경찰 또는 지역 당국의 관할이 다른 지역으로 불법 마약을 운반하도록 아동이나 취약 계층을 강요하거나 부추기는 범죄조직이다. 흉기 범죄가 더 많이 일어나는데, 특히 웨스트미들랜즈가 우범 지역이다.

가정폭력과 강간은 여성에게 가장 많이 일어나는 범죄다. 레이프 크라이시스<sup>Rape Crisis</sup>라는 자선 단체에 따르면 강간이나 성폭력을 경험한 잉글랜드와 웨일스 여성은 4명 중 1명이다. 강간에 대한 유죄 선고 비율은 매우 낮다.

상식적인 예방 조치를 취한다면 브리튼에서 안전하게 머물 수 있다. 풀이 많이 자란 곳을 걸을 때는 진드기에게 물리지 않도록 긴 바지를 입고, 폭풍이 불 때 해안가 산책로와 밤에 조명이 없는 곳은 피한다. 호신용 방범 알람을 휴대하는 것도 좋고, 펍, 바, 클럽에서 음료를 방치하지 않도록 한다. 소매치기를 방지하기 위해 귀중품은 쉽게 가져가기 힘든 가방에 잘 넣어 지퍼를 잠근다. 면허가 있는 택시만 타고, 숙소에서 나갈

때는 창문과 문을 모두 잠그도록 한다. 금고가 있는 호텔에 머
문다면 나이트클럽에 가거나 주류 구매 시 제시할 때를 제외
하고 여권을 금고에 보관하는 것이 좋다.

응급 상황에서 도움을 요청하려면 999번으로 전화해 구급
차, 소방대, 경찰, 해양경찰 등을 요청하면 된다. 쉽게 이용할
수 있는 제세동기 10만 대가 헬스장, 쇼핑몰, 커뮤니티 센터 등
에 비치되어 있으니 필요할 때 사용할 수 있다.

# 비즈니스 현황

제2차 세계대전 후 브리튼 경제는 완전히 파탄이 났으며 바뀐 현실에 적응해야 했다. 대영제국이 확보했던 식민지 시장의 손실과 산업·제조업 기반의 약화로 인해 금융 서비스로 눈을 돌렸다. 지금까지도 남아 있는 대영제국의 유산은 바로 세계 주요 금융 허브로 부상한 시티 오브 런던이다.

제2차 세계대전 후 브리튼 경제는 완전히 파탄이 났으며 바뀐 현실에 적응해야 했다. 대영제국이 확보했던 식민지 시장의 손실과 산업·제조업 기반의 약화로 인해 금융 서비스로 눈을 돌렸다. 지금까지도 남아 있는 대영제국의 유산은 바로 세계 주요 금융 허브로 부상한 시티 오브 런던이다.

나폴레옹은 한때 브리튼을 '구멍가게 주인들의 나라'라고 깎아내렸다. 그 구멍가게 주인의 딸인 마거릿 대처는 브리튼의 전후 비즈니스 지형을 완전히 뒤바꾸어놓았다. 대처는 자유 시장의 힘, 정부 지출의 축소, 기업가 정신을 장려하고 보상하기 위한 조세 감면을 신봉했다. 그 결과 경제 규제를 대폭 완화했고, 주요 국영 산업을 민영화했으며, 노동조합을 배제하면서 노동력을 유연화했고, 지방 정부의 권력을 중앙정부로 집중했다. 많은 전통적인 생각과 사회 구조, 삶과 근로 방식이 한꺼번에 쓸려나갔다. 이러한 급격한 개혁은 잔인했지만 효과적이었고, '여피족'(젊은 도시 전문직 종사자)이라는 새로운 사업가들이 생겨났다. 그러나 21세기가 되면서 국내외의 안정을 위협하는 새로운 문제가 나타났다. 현재 브리튼의 기업 환경은 2008년 세계 금융 위기의 여파, 브렉시트의 영향, 코로나19 봉쇄 이후 새로운 기술과 SNS, AI의 폭발적 성장으로 가능해진 근무 패

턴의 변화, 우크라이나를 비롯한 다른 지역의 무장 갈등으로
인한 비용과 불안정성의 증가 등으로 크게 영향을 받고 있다.


## **새로운** 근무 문화

요즘의 브리튼 사무실 대부분은 오픈 플랜 형식으로 되어 있
으며 2007년부터 실내 흡연이 전면 금지되었다. 사무실을 공
동 업무 공간으로 공유하는 추세에 따라 근무 환경도 바뀌었
다. 이제는 한 건물, 한 층, 또는 하나의 공간을 다양한 회사
소속의 사람들이 나누어 쓸 수 있다. 이러한 공간은 특히 비즈
니스 모델의 유연성에 매력을 느끼는 스타트업과 프리랜서 사
이에서 인기가 높으며, 무료 맥주와 탁구대를 제공하는 경우가
많다.

　2020년에 코워킹 리소스는 세계 최대의 공유 업무 공간 임
대 플랫폼인 www.coworker.com과 함께 세계 업무 공간 공유
성장 연구 보고서를 발간했다. 연구 결과 근로자가 할당제나
선착순으로 사용할 수 있는 책상에서 일하는 핫 데스킹 방식
이 2015년부터 증가했음이 밝혀졌다. 공유 업무 공간이 가장

공유 업무 공간은 브리튼 주요 도시에서 쉽게 찾을 수 있다.

많은 곳은 미국(3700개)이고, 그 뒤를 인도(2197개)와 영국(1044
개)이 이었으며, 영국 내 공유 업무 공간이 가장 많은 곳은 런
던이었다.

그러나 2020년과 2021년에 있었던 코로나19 봉쇄는 재택
근무라는 또 다른 혁명을 불러왔다. 몇 주 만에 브리튼의 사
무직 종사자들은 줌 회의에 익숙해졌으며, 재택근무와 사무실
출근이 혼합된 하이브리드 근무 형태가 2022년 이후에도 여
전히 인기를 얻고 있다. 그러나 주요 기업에서는 2023년부터
다시 사무실로 출근할 것을 권장하고 있다.

트렌드에 밝은 기업에서는 생일 휴가, 맥주 냉장고, 진 트롤리 등을 도입하면서 직원들을 끌어모으고 있다. 내셔널 웨스트민스터 은행, 로펌인 프레시필즈, 에너지 기업인 센트리카, 투자 서비스 기업 블랙록 등 일부 기업에서는 여성의 난자를 냉동하는 것과 같은 난임 시술에 대한 할인 혜택을 제공하기 시작했다. 또한 완경을 겪는 여성에게도 직장에서 추가로 지원해 주어야 한다는 인식이 확산하고 있다.

리얼리티 TV 비즈니스 프로그램인 <드래곤스 덴>에 투자자로 출연하는 데보라 미든

## 비즈니스와 여성

직장에서 여성에게도 동등한 권리를 보장해야 한다는 내용이 법에 명시되어 있지만, 여성의 진출을 가로막는 '유리천장'이 있는 분야가 여전히 존재하며, 성별 동일 임금은 아직도 달성하지 못했다. 그렇지만 오늘

날 이전보다 더 많은 여성이 고위 간부로 일하고 있다. 브리튼 여성 기업가 협회와 사회적 기업 영국 여성 기업가 증진 협회 Prowess 같은 단체에서는 여성 사업주를 지원한다. 통계청에 따르면 2023년 여성 자영업자 비중은 10% 정도이고, 남성은 16%다. 여성들이 자기 사업을 시작한 주요 원인으로 양육과 관련해 유연성을 확보하기 위해서라고 대답한 가운데, 이 수치는 점점 늘고 있다.

## 노동조합주의

대처 시기에 있었던 노동조합주의 개혁은 1980년대 중반 브리튼 경제를 재탄생시키는 데 일조했다. 그 이후로 브리튼 경제가 견뎌야 했던 세 번의 주요한 폭풍 같은 사건을 제외하고는 대체로 큰 문제 없이 번영을 계속 구가했다. 첫 번째 사건은 브리튼이 1991년에 갑자기 유럽통화동맹에서 탈퇴한 것이다. 당시 금리가 크게 올라 많은 사람이 살던 집을 잃고 기업이 줄파산했다. 두 번째 사건은 2007~2008년 세계 금융 위기의 여파와 뒤이은 노동당 정부의 조세·지출 정책으로, 이에 따라

2010년에 들어선 연립 정부는 긴축 정책을 시행했다. 세 번째는 코로나19 팬데믹의 영향이었다.

이러한 경험이 노동조합 운동을 부활시키고 중도 좌파의 입지를 강화했다. 그 결과 교사, 경찰, 병원 직원, 소방·구급대원, 런던 지하철, 철도, 버스 등 운송 노동자를 포함한 공공부문의 파업 행동이 부활했다.

## 미팅

대부분 경우에 이메일이나 전화로 미팅 약속을 잡을 수 있다. 다만, 법조계 같은 일부 분야나 주요 기업의 CEO를 만나려고 한다면 개인 비서에게 먼저 연락해야 한다. 온라인 회의를 요청했다면 회의 일시가 정해진 뒤에 상대방에게 회의 의제와 함께 줌, 구글 미트, 마이크로소프트 팀즈 등의 링크를 보낸다.

약속 시간에 정시에 도착하는 것은 기본이다. 늦지 않도록 하되 너무 일찍 도착하는 일도 없도록 하자. 약속 시간 5분 전에 도착하면 적당하다. 이는 온라인 회의와 식당에서 저녁을 먹는 등의 저녁 약속에도 적용된다. 만약 불가피하게 늦을 것

같다면 미리 전화로 양해를 구한다.

회의를 시작하기 전에 먼저 사교적인 인사를 주고받는 것이 보통이다. 대신 지나치게 큰 소리, 과도한 유머와 공손함, 지나치게 친근하게 구는 일은 피해야 한다.

비즈니스로 상대방을 처음 만나거나 헤어질 때 악수를 해야 한다. 일반적으로 "안녕하세요. 만나서 반갑습니다"Hello, nice to meet you 또는 조금 더 전통적인 표현인 "안녕하십니까"How do you do라는 말로 인사를 나눈다. "감사합니다"Thank you에 대한 대답으로는 "천만에요"You're welcome라고 하는 것이 일반적이다.

상대방을 만나거나 헤어질 때 명함을 교환하려고 할 수도 있다. 그런데 요즘에는 명함을 교환하는 일이 이전보다 드물어졌다. 젊은 세대는 링크드인 프로필이나 인스타그램 계정을 교환하거나 서로에게 자기 연락처 정보를 포함한 이메일을 보낸다.

이제는 비즈니스 상대에게 이야기하거나 편지를 보낼 때 그 사람을 만난 적이 없더라도 이름으로만 부르는 게 일반적이다. 그렇지만 매우 중요한 고객이나 해외 방문객이라면 그 사람의 방식을 따르거나 성 앞에 Mr. 또는 Ms를 붙여서 신중히 하는 것이 좋다. 다만, 상대방이 이름으로 불러도 된다고 하면 그렇게 하면 된다. 상대방이 여성일 경우 결혼 여부를 모른다면 절대 'Mrs.'를 써서는 안 된다.

박사(의학 박사 또는 박사 학위 소지자), 교수 또는 군인의 경우, 계급 등 개인의 전문적인 지위를 나타내는 표현을 쓰는 것도 필수 에티켓이다. 일반적으로 이메일을 쓸 때 'Hi, Peter'라고 많이 쓰는 편이고, 'Dear Peter'나 'Hello Peter'는 조금 더 격식을 갖춘 표현이다.

비즈니스 미팅 시에는 깔끔하게 차려입어야 한다. 런던의 카나리 워프에 있는 투자 은행에 방문하는 것 같은 공식적인 자리에 간다고 하면, 남성은 검은색, 남색 또는 짙은 회색의 정장에 넥타이를 매야 한다. 여성은 바지 정장이나 무릎 위로 너무 많이 올라오지 않는 깔끔한 치마에 맵시 있는 재킷을 입어야 한다. 청결하게 잘 꾸민 모습도 중요하다. 향수를 뿌리고 싶다면 은은한 향으로 뿌리는 것이 제일 좋다.

1990년대 이후부터 직장에서 조금 더 편안한 옷을 입자는 '드레스 다운' 운동이 일었다. 코로나19 팬데믹 전에는 특히 금요일에만 이것이 적용되었다. 그러나 팬데믹 기간에 어떤 사람들은 잠옷을 입고 줌 회의에 참석하는 등 선을 넘는 모습을 보이기도 했다.

## 프레젠테이션

파워포인트, 구글 슬라이드 등으로 프레젠테이션할 때, 본격적인 메시지를 발표하기 전에 발표자의 신뢰도를 높이는 것이 중요하다. 깜짝 놀랄만한 통계나 아무도 화나게 하지 않는 농담으로 청중의 이목을 집중시키면 좋다. 어느 정도의 유머는 구사해도 괜찮으며, 딱딱한 프레젠테이션을 재미있게 만들 수 있다. 그리고 질문은 프레젠테이션이 끝나고 받겠다고 시작할 때 미리 말하면 좋다.


## **협상** 스타일

브리튼의 협상과 면접 스타일은 미국과 매우 다르다. 브리튼에서는 대화가 간접적이고 친절하며 편안한 분위기에서 진행된다. 앞서 살펴본 것처럼 유머가 완전히 부적절하게 여겨지는 것도 아니다. 그런데 미국식은 더 간결하고 본론으로 바로 들어가며 훨씬 직설적이다. 개인도 자기를 열심히 어필해서 헤어질 때면 상대방의 장점과 강점이 무엇인지 알도록 한다. 사교적인 인사말도 별로 하지 않는다.

　브리튼 사람들은 대체로 과소평가한다는 점을 감안하면, 브리튼 사람과 비즈니스를 할 때 엄청난 인내심을 발휘해야 할 수 있다. 미국 사람은 무언가를 '파는 것'을 좋아한다면, 그만큼 브리튼 사람은 무언가를 '사는 것'을 좋아하며, 의사를 결정하기까지 시간이 오래 걸릴 수 있음을 감안해야 한다. 그러니 브리튼에서 너무 강매하지는 말도록 하자. 그리고 모든 것을 과소평가할 것이므로, 관심이 가는 제품이나 서비스의 가치를 정하려면 조사를 해야 하거나 성가실 정도로 물어봐야 할 수 있다. 즉, 구매자라면 실제로 질문을 해야 한다는 말이다.

## 계약

다른 유럽 국가의 사법 체계처럼 성문화된 민법을 따르기보다는 브리튼의 계약법은 대체로 판례법, 즉 법적 선례를 따른다. 따라서 브리튼에서 계약은 EU에서 체결할 때보다 훨씬 자세하다. 계약서를 꼼꼼히 읽고 잘 이해가 가지 않거나 동의하지 않는 조건이나 표현에 관해 질문하는 것이 중요하다. 그러면 상대방(미래의 상사 또는 고객)이 조건을 조정해 줄 수도 있다. 양 당사자가 계약서에 서명하고 발효 날짜를 정하면 법적 구속력이 생기고 반드시 해당 계약을 준수해야 한다.

## **갈등** 해결 방법

제품을 제때 납품하지 못하거나 하자가 있는 제품을 납품하는 등 계약 사항을 위반하는 경우, 이를 해결하는 가장 좋은 방법은 갈등의 상대방과 단둘이 차분하게 대화하는 것이다. 문제가 커질 것을 대비해 대화 일시, 대화의 성격을 기록해 두는 것도 좋다. 이는 직장 내 갈등만이 아니라 회사 간 갈등에도 적용된다. 소송은 언제나 비용이 많이 들고 시간도 오래 걸린다. 이에 대한 대안은 양측이 중재에 합의하는 것이다. 중재는 한 명 이상의 중재자가 갈등에 관해 구속력이 있는 결정을 내리는 사적 절차다. 중재를 통하면 비용이 많이 드는 법원에서의 소송을 피할 수 있다.

직장 내에서 갈등이 발생했을 경우, 다툼이 지속되면 인사부에 서한을 보내거나 노동조합원이라면 노동조합과 상담할 수 있다. 또는 무료로 제공되는 독립 서비스인 시민 상담소를 이용할 수 있다.

누가 돈을 빌리고 갚지 않는다면 소액 법원에 약간의 수수료를 내고 사건을 접수하거나 민사 소송을 제기할 수 있다.

## 비즈니스 선물

브리튼에서 비즈니스를 할 때 호화로운 선물을 교환하는 일은 상상할 수 없다. 뇌물로 보일 수 있기 때문이다. 대기업에서는 직원들이 비싼 선물을 받았을 때 관리자에게 보고하도록 하고 있다. 그러나 음식, 와인, 출신 국가의 공예품 같은 작은 선물은 언제든지 환영받을 것이다. 다만, 기업에서 중요한 고객에게 고급 음식과 음료 바구니를 크리스마스 선물로 보내는 관습도 있다.

회사 로고가 들어간 달력 등 브랜드가 들어간 기업 기념품도 많이 주고받는다. 신제품 출시 파티나 유사한 행사에서 참석자들은 보통 '간식 팩'을 받는다.

## 훌륭한 매너의 가치

브리튼에서는 '매너가 사람을 만든다'고 생각하고, 이는 비즈니스에도 적용된다. 조용히 자신감을 보이고 예의 바르게 행동하면 비즈니스 관계자에게 긍정적인 인상을 심어줄 수 있다.

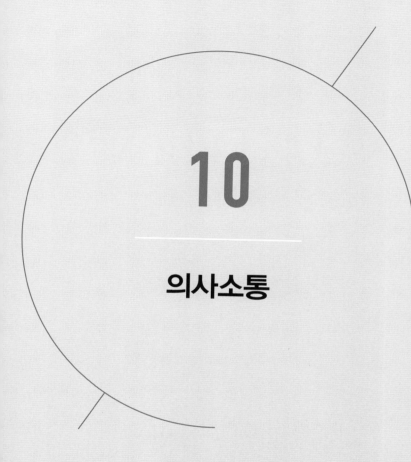

# 10

## 의사소통

영어는 수 세기에 걸쳐 진화했다. 고대 영어는 앵글로색슨족 이 5세기에 브리튼으로 들여온 북해 게르만 방언에 기반한다. 브리튼 제국이 확장되면서 영어도 전 세계에서 통용되었다. 일종의 소프 트파워로 문화 교류를 촉진했고, 외교, 비즈니스, 예술, 의사소통에 중요한 요소가 되었다.

영어는 수 세기에 걸쳐 진화했다. 고대 영어는 앵글로색슨족이 5세기에 브리튼으로 들여온 북해 게르만 방언에 기반한다. 1066년의 노르만 정복으로 프랑스어의 영향을 받아 문법과 어휘가 풍부해졌고, 중세 시대에는 학문과 학습의 언어인 그리스어와 라틴어에서 유래한 단어가 유입되었다. 브리튼 제국이 확장되면서 영어도 전 세계에서 통용되었다. 일종의 소프트파워로 문화 교류를 촉진했고, 외교, 비즈니스, 예술, 의사소통에 중요한 요소가 되었다.

## 구어로서의 영어

브리튼의 역사는 브리튼 전역에 놀랄 만큼 많은 '성문'을 남겼다. 같은 지역에서도 억양과 방언이 다를 수 있는데, 이는 과거의 문화적 영향을 잘 보여 준다. 초서가 14세기 말에 『캔터베리 이야기』를 썼을 때, 켈트어, 고전 라틴어, 통속 라틴어, 중세 라틴어, 색슨족어, 주트족어, 노섬브리아 방언, 노르만 프랑스어, 중부 프랑스어, 덴마크어, 노르웨이어 등을 포함하는 중세 영어 어휘를 사용했다. 그 이후로도 힌두어와 우르드어, 아프리카계 미국인 랩까지 전 세계에서 빌려 온 요소가 영어에 결합되었다.

20세기의 대부분 기간에 BBC와 기타 기관에서는 '용인 발음'received pronunciation을 보급했는데, 이는 엘리자베스 2세의 말하는 방식에서 따 왔기 때문에 여왕의 영어라고도 알려져 있다. 오늘날에는 그러한 기준이 꼭 필요하지 않으며, TV 진행자 앤트와 덱의 타인사이드 '조르디언' 방언에서 가수 아델의 런던 억양까지 지역별 억양에도 가치가 있다는 인식이 확대되고 있다. 브리튼 북부와 남부 억양의 대표적인 차이점은 소위 '평평한 모음'flat vowel이 북부 전역에서 널리 쓰인다는 것이다. 'laughter' 같은 단어는 북부에서 'patter'(패터)와 비슷하게 'lafter'(래프터)라고 발음하고, 남부에서는 'partner'(파트너)와 비슷하게 'laasfter'(라프터)라고 발음한다.


## 보디랭귀지

전체적으로 보면 브리튼 사람들은 다른 유럽 사람들(예: 이탈리아 사람)보다 몸짓을 많이 사용하지 않는다. 그렇지만 브리튼에

| 억양과 표현 | |
|---|---|
| 각 지역에서 많이 쓰는 표현을 보고 의미 유추해 보기 | |
| 1 조르디언 방언, 뉴캐슬 | Haddaway man! |
| 2 런던 | He's from my ends, innit? |
| 3 웨일스 | That's tidy, that is. |
| 4 스코틀랜드 | She's a bonnie lass. |
| 5 콘월 방언, 콘월 | I'll finish it dreckly. |
| 6 맨체스터 방언, 맨체스터 | Stop mithering me. |
| 7 리버풀 방언, 리버풀 | Do you fancy a bevy in that sound new bar? |

정답
1 동네이야기?
2 그는 나랑 같은 지역 출신이야. 그렇지? ('innit'은 'isn't it'의 준말. 런던 토박이들의 발음으로 인해 많은 외국인들이 헷갈려 하는 표현이다.)
3 이거 좋아/깔끔하네.
4 예쁜 소녀다.
5 곧 끝낼 거야.
6 그만 귀찮게 하지 마.
7 저기 새로 생긴 멋진 바에서 한 잔 마실래?

서 볼 수 있는 제스처에는 서명하는 것을 흉내 내는 동작(식당에서 계산서를 요구하기 위한 것), 검지와 중지를 교차하는 동작(다른 사람의 행운을 비는 의미), 손바닥을 아래로 펼쳐서 흔드는 동작(그저 그렇다는 것을 나타내는 의미), 집게손가락으로 코의 옆 부분을 만지는 동작(꼬치꼬치 캐묻지 말라는 의미) 등이 있다.

브리튼 특유의 제스처 한 가지는 상당히 무례하다. 바로 집게와 가운뎃손가락으로 V자 모양을 만들고 손등을 상대방 쪽으로 향하게 하는 동작이다. 전설에 따르면 이 동작은 1415년의 아쟁쿠르 전투로 거슬러 올라간다. 당시 프랑스군이 브리튼의 궁수들을 생포했고, 활쏘는 데 필요한 두 손가락 잘라 버렸다. 손가락이 잘리지 않은 브리튼 궁수들은 프랑스군에 자기 손가락을 보여 주며 도발했다고 한다.

브리튼 사람들은 개인 공간을 중시하므로 다른 사람이 먼저 엘리베이터(영국식으로는 '리프트')에서 내리도록 하거나 다른 사람에게 너무 가까이 가지 않는 것이 좋은 매너로 여긴다. 실제로 2017년에 42개국 8943명을 대상으로 한 설문조사에서 브리튼 사람들이 그냥 아는 사이에서 적절하다고 생각하는 거리는 84cm(아르헨티나인은 76cm)고, 친한 친구라면 51cm(아르헨티나인은 41cm)라고 답했다. 브리튼 사람은 지나가다가 옷깃이라도 스친다면 먼저 사과할 것이다.

# 언론

브리튼 민주주의에 중요한 요소인 언론의 자유 덕분에 언론인들은 사실을 확인하고, 권력이 있는 사람, 단체, 정당에 문제를 제기하며, 그들에게 책임을 물을 수 있다. 모든 당사자가 이러한 원칙을 지켜야 하지만, 그렇다고 권력자가 이를 좋아해야 한다는 법은 없다. 그리고 테리사 메이 총리는 2018년에 춤 동작이 로봇 같다고 조롱하는 불손한 gif 이미지에 그다지 관심을 보이지 않는 것 같다.

과거에 브리튼 대중은 신문, TV, 라디오를 통해 뉴스를 소비했다. 오늘날에는 SNS를 통해 속보를 보는 경우가 많다. SNS에서는 실시간 뉴스와 사람들의 집단적인 목소리를 들을 수 있기는 하지만, 사실 확인이 부족해 근거 없는 주장, 즉 '가짜 뉴스'가 범람하게 되었다.

【신문】

지역과 전국 신문 업계는 지난 몇 년 동안 쇠퇴했다. 인터넷과 SNS 플랫폼이 대두하면서 대부분 신문사가 이제는 온라인으로도 서비스를 제공한다. 일부 웹사이트에서는 기사를 보려면 무료로 가입하거나 돈을 내야 한다(일명 지불 장벽).

브리튼 신문사는 크게 '고급 언론', 즉 대판(원래 신문 크기를 지칭하는 단어에서 유래) 신문과 '대중 언론' 또는 '레드 톱'(붉은색 로고를 사용하기 때문)으로 알려진 타블로이드로 나뉜다.

대판 신문 중에서 〈가디언〉/〈옵서버〉는 중도 좌파, 〈인디펜던트〉(2016년부터 전면 온라인 전환), 〈i〉/〈iWeekend〉는 중도, 〈타임스〉/〈선데이 타임스〉, 〈파이낸셜타임스〉는 우파 언론으로 분류된다. 교육 수준이 높은 독자는 정치, 현재 정세, 경제에 관심을 가지며 〈이코노미스트〉, 〈프라이빗 아이〉, 〈스펙테이터〉, 〈뉴 스테이즈맨〉, 〈위크〉 등의 잡지도 구독할 수 있다.

〈선〉/〈선 온 선데이〉, 〈익스프레스〉 타블로이드는 모두 우파이고, 〈데일리 메일〉/〈메일 온 선데이〉도 마찬가지다. 이 글을 쓰는 현재, 〈데일리 메일〉은 발행 부수가 74만 6000부로 가장 인기 있는 유료 신문이다.

〈데일리 스타〉/〈데일리 스타 선데이〉도 타블로이드로, 정치보다는 축구, 연예인, 범죄 이야기에 더 초점을 맞춘다. 〈데일리 미러〉/〈선데이 미러〉, 〈선데이 피플〉은 중도 좌파 타블로이드다.

대부분 도시에서 〈이브닝 스탠다드〉와 〈시티 A.M.〉 등 무료 신문을 배포한다. 〈메트로〉가 가장 인기 있는 무료 신문으로, 발행 부수는 95만 2000부다.

【TV】

모든 사람이 연간 TV 시청료를 지불하고, 이는 영국 공영방송 BBC의 사업 자금으로 활용된다. 주요 지상파 채널 중에서 BBC 1은 뉴스 보도, 정세 분석 프로그램, 오리지널 드라마로 전 세계적으로도 유명하고, BBC 2는 다큐멘터리로 유명하다. 상업 방송국으로 35세 미만 시청자를 주대상으로 하며 〈코로네이션 스트리트〉 등의 인기 연속극을 방영하는 ITV, 시청료로 외주 제작사에 프로그램 제작을 맡기는 채널 4 등의 방송국도 있다.

오늘날 주문형 스트리밍 서비스가 시청자, 특히 젊은 시청자를 유혹하고 있다. 넷플릭스는 전 세계적으로 가입자 수가 가장 많은 스트리밍 플랫폼이며, 아마존 프라임 비디오, 애플 TV+, 디즈니+, 나우, 브릿박스, DAZN, 하유 등도 영국에서 모두 이용할 수 있다. 스포츠 팬 사이에서는 스카이도 인기가 높다.

# 서비스

## 【 전화 】

전화 커뮤니케이션은 다이얼식 전화기를 쓰던 시대에서 2000년대 후반에 휴대전화와 스마트폰이 나오기까지 먼 길을 왔다. 2023년에 16~24세의 영국 성인 중 98%가 스마트폰을 소지했고, USwitch에서는 2025년에 영국 인구의 95%가 스마트폰을 사용하리라는 전망을 내놓았다. 유선전화 사용률은 계속해서 떨어지고 있지만, 문자 메시지를 더 많이 활용하면서 휴대전화로 통화하는 비중도 마찬가지로 줄고 있다.

## 【 우편 】

로열 메일이 1516년에 설립된 이래로 브리튼의 우편 체계는 신뢰성과 효율성을 대표했다. 붉은색 우편함과 우표는 이 유서 깊은 기관의 상징으로, 커뮤니케이션과 상업에서 매우 중요한 역할을 했다. 그러나 전자 커뮤니케이션과 대체 배달 서비스의 등장으로 인한 문제로 우정산업의 지형도 바뀌고 있다. 2023년에 로열 메일이 Evri, DPD와 계약을 체결하면서 독점이 해소된 것은 획기적인 변화다. 기존의 우편물이 줄어들면서 브리튼의 우편 체계도 디지털 시대에 맞추어 변하는 소비자의 기호와 새롭게 등장하는 경쟁에 대비하기 위해 다시 태어나기 위한 방안을 강구하고 있다.

## 【 인터넷과 SNS 】

거의 모든 인구가 인터넷을 사용한다. 2022년, 통신 규제당국인 오프콤에 따르면 인터넷 접속이 되지 않는 영국 가구는 단 6%에 불과하다. 브로드밴드 네트워크 속도는 저마다 다르지만, 평균적으로 80Mbps이다. 다만, 시골 지역의 인터넷 연결 속도는 느릴 수 있다. 브리튼에서는 현재 5G 모바일 기술을 도입 중이며, 도입이 완료되면 인터넷 연결 속도가 더 빨라지고, 이전보다 적은 면적의 지역에서 인터넷을 사용할 수 있는 기기가 훨씬 더 많아질 것이다.

전화 사용과 마찬가지로 브리튼 사람들, 특히 25~34세 사이의 인구에서 데스크톱 컴퓨터 대신 스마트폰이나 기타 기기로 인터넷을 사용하는 경우가 더 많아지고 있다.

SNS, 스트리밍, 게임, 업무, 교육에 이르기까지 온라인 활동도 다양하게 이루어진다. 코로나19 팬데믹으로 원격 업무와 온라인 회의 등이 늘어나며 인터넷 의존도가 매우 높아졌다.

브리튼 사람들이 하루에 인터넷을 하며 보내는 시간은 평균 3시간 반인데, 대체로 이메일을 주고받거나(85%), 상품이나 서비스를 검색하거나(81%) 인터넷 뱅킹을 이용(76%)한다. 메시지 서비스, SNS, 기사 읽기 등도 많이 하는 것으로 나타났다.

인기가 높은 SNS 플랫폼은 미국의 페이스북, 인스타그램, 스냅챗, X, 유튜브다. 사용자가 짧은 동영상을 만들고 시청할 수 있는 중국의 틱톡 플랫폼은 2023년에 브리튼 정부에서 국가 안보 우려를 이유로 사용을 금지했다. 사용자를 보호하기 위해 부적절하거나 불쾌한 콘텐츠를 제재하는 것이 점점 더 중요해지고 있다.


## 결론

지금까지 브리튼의 복합적인 특징과 브리티시라는 것이 무엇을 의미하는지에 관해 다양한 측면에서 살펴보았다. 일부 브리튼 사람은 2014년 스코틀랜드 독립 주민투표, 2016년 브렉시트 투표, 현재 조용하게 진행 중인 웨일스와 콘월의 독립 요구가 분열된 국가를 보여 준다고 말할 수 있다.

그러나 여러 국가가 연합한 하나의 가족으로서 브리튼 사람들은 공통적인 특징이 있다. 창의적인 일에서 즐거움을 찾고, NHS, 왕실, 그리고 최근 스캔들이 있기는 했지만 여전히 세계적으로 인정받는 공영방송인 BBC를 아끼는 것과 같은 가치를 공유하는 것처럼 말이다. 그리고 이 나라의 독특한 특성을 자아내는 국가에 대한 소속감이 전반적으로 남아 있다.

브리튼 사람들의 공정, 관용, 타협하는 능력은 (물론 매우 의심받기도 하지만) 그 어느 때보다 강하다. 이 나라는 코로나19 백신을 개발하고 전국적인 장기기증 등록부를 만들며 AI로 제어하는 카메라와 마이크를 제작해 야생 동물을 관찰하고 모니터링하는 능력이 출중한 인재를 계속해서 배출하고 있다.

브리튼 사람들은 예의 바르지만 고집도 세고, 웃기지만 짜증나는 편이기도 하며, 친절하지만 친구가 되기까지는 시간이 걸릴 수 있다. 그리고 자기 자신과 전 세계 사람들에게 매우 놀랍고 매력적인 수수께끼의 존재로 남을 것이다.

# 유용한 앱

【 의사소통과 친목 도모 】

메시지를 보낼 때 브리튼에서는 **왓츠앱, 페이스북 메신저, 시그널, 바이버, 텔레그램**을 많이 사용한다.

SNS의 경우 **인스타그램, 페이스북, X, 틱톡, 레딧**을 많이 사용한다.

새로운 지역에 가서 새로운 사람을 만나고 싶다면 **WithLocals, EatWith, Meet Up** 웹사이트를 사용해 보면 좋다. 연애 상대를 찾는다면 데이팅 앱인 **틴더, 범블, 힌지, OK큐피드**를 많이 사용한다.

【 여행과 교통 】

(종종 할인가로) 여행과 숙박을 예약하려면 **부킹닷컴, 익스피디아**를 활용하면 된다. 다른 숙박 플랫폼에는 **에어비앤비, 호텔스닷컴** 등이 있다. 중장기 숙박은 **스페어룸**에서 검색할 수 있다.

**Citymapper, Trainline, UK Bus Checker**로 여정을 계획하면 좋다. 런던에서는 **TFL Go** 앱으로 원하는 정보를 얻을 수 있다. 내비게이션으로 **구글 맵, Waze**를 쓰면 길을 잃지 않을 수 있다.

택시를 타야 하면 현지에서 **우버, 볼트, Gett**를 쓸 수 있다. **Lime, Dott, Tier**로 전동 스쿠터를 대여할 수도 있다.

【 음식과 쇼핑 】

식당 음식과 식료품점 배달 주문은 **Deliveroo, Just Eat, 우버 이츠** 등을 사용하면 된다. 신속하게 배달해 주는 식료품 배달 앱에는 **Getir, Gopuff, Gorillas** 등이 있다.

일반 상품을 온라인에서 구매하려면 **아마존, 이베이**를 활용하면 된다. 중고 제품을 구입하려면 **Vinted, Gumtree, 페이스북 마켓플레이스**를 이용하면 된다.

Bingham, Harry. *This Little Britain: How One Small Country Changed the Modern World*. London: HarperCollins, 2009.

Bryson, Bill. *Notes from a Small Island*. London: Transworld Publishers, 1995.

Burns, William. *A Brief History of Great Britain*. Infobase Publishing, 2nd edn., 2021.

Davies, John. *A History of Wales*. London: Penguin Books, 2007.

——*The Celts: Prehistory to Present Day*. London: Cassell, 2002.

Dillon, Henry; and Alastair Smith. *Life in the UK Test Handbook 2023: Everything you need to study for the British citizenship test*. Red Squirrel Publishing, 2023.

Fox, Kate. *Watching the English: The Hidden Rules of English Behaviour*. Boston/London: Nicholas Brealey Publishing, revised and updated edition, 2014.

Hirsch, Afua. *Brit(ish): On Race, Identity and Belonging*. New York: Vintage, 2018.

*Insight Guides: England*. Insight, 2023.

Lewis, Chris; and Penny Mordaunt. *Greater Britain After the Storm*. Biteback Publishing, 2021.

*Lonely Planet: Great Britain*. Lonely Planet, 2023.

Lyall, Sarah. *The Anglo Files: A Field Guide to the British*. New York: W. W. Norton, 2008.

Madden, Richard. *The Great British Bucket List*. Pavilion Books, 2021.

Marr, Andrew. *A History of Modern Britain*. London: Pan Books, 2017.

Marriott, Emma. *Everything You Really Should Know About GB*. Michael O'Mara, 2015.

*Michelin The Green Guide to Scotland*. Watford, Herts: Michelin Travel

Publications, 12th edn., 2020.

*Michelin The Green Guide to Great Britain*. Watford, Herts: Michelin Travel Publications, 10th edn., 2018.

Morgan, Kenneth O. *The Oxford History of Britain*. Oxford: University of Oxford Press, revised edition, 2021.

Olusoga, David. *Black and British: A Forgotten History*. Pan Macmillan, 2017.

Paxman, Jeremy. *The English: Portrait of a People*. London: Penguin Books, 2007.

Ross, David. *Scotland: History of a Nation*. Glasgow: Gresham Publishing, 2014.

*The Rough Guide to England*. Rough Guides, 2023.

Steves, Rick. *Great Britain*. Berkeley, California: Avalon Travel, 24th edn., 2023.

Sanghera, Sathnam. *Empireland: How Imperialism Has Shaped Modern Britain*. New York: Pantheon. 2023.

### 지은이 사라 리치스

런던에 거주하는 잉글랜드 여행 작가다. 랭커스터대학교 졸업 후 5년
간 일본, 홍콩, 대만을 여행했다. 중국의 만리장성에 오르고, 베트남
하롱베이에서 배를 타고, 일출 시각에 열기구를 타고 캄보디아 앙
코르와트를 감상한 후 잉글랜드로 돌아와 런던시티대학교에서 잡지
저널리즘을 공부했다.

지방과 토착 문화에 특히 관심을 기울여 『내셔널지오그래픽 트래
블러』, 『콘데나스트 트래블러』, 『원더러스트』, 『Where London(런
던, 어디까지 가 봤니)』, 『London Planner(런던 플래너)』, 『트래블 알마
낙』, www.adventure.com 등에 글을 기고했다. 또한 잡지 편집, 글
쓰기 교실 진행, 가이드북인 『London Almanac(런던 알마낙)』 저술,
『Time Out's Eating Out in Abu Dhabi(타임아웃 선정 아부다비 맛집
가이드)』 공동 기고, 『The Wanderlust World Travel Quiz Book(원
더러스트 세계 여행 퀴즈)』 저술 등 여러 활동을 했다. 현재는 『World
Cruising(월드 크루징)』 편집자로 일하고 있다.

해외여행을 하지 않는 동안에는 브리튼, 특히 특히 와이트섬, 코츠
월즈, 콘월, 그리고 잉글랜드 남부 해안가의 창의성이 넘치는 허브
도시에서 당일치기나 주말여행을 즐긴다.

### 옮긴이 심태은

경희대학교 관광학부 호텔경영 전공 졸업 후 한국외국어대학교 통번
역대학원 한영과 졸업했다. 다년간 통번역가로 활동했으며, 현재 번
역에이전시 엔터스코리아에서 전문 번역가로 활동 중이다.

주요 역서로는 『일상으로서의 명상: 현생에 지친 당신을 위한 가장
쉬운 명상 입문서』, 『다크패턴의 비밀: 기만적인 온라인 설계는 어떻
게 우리의 선택을 조종하는가』, 『신냉전에 반대한다: 워싱턴에 벌이
는 신냉전과 절멸주의』 등이 있다.

# 세계 문화 여행 시리즈

세계의 풍습과 문화가 궁금한 이들을 위한 **필수 안내서**